DALILA ALVES CALISTO

MERCANTILIZAÇÃO DA ÁGUA

ANÁLISE DA PRIVATIZAÇÃO
DO SANEAMENTO DE TERESINA (PI)

DALILA ALVES CALISTO

MERCANTILIZAÇÃO DA ÁGUA

ANÁLISE DA PRIVATIZAÇÃO DO SANEAMENTO DE TERESINA (PI)

1ª EDIÇÃO

EXPRESSÃO POPULAR

SÃO PAULO – 2023

Copyright © 2023 by Editora Expressão Popular

Curadoria da coleção "água, energia e sociedade": Luiz Alencar Dalla Costa, Dalila Alves Calisto, Nívea Maria Diógenes, Leonardo Bauer Maggi.

Produção editorial: Lia Urbini
Preparação: Letícia Bergamini
Revisão: Dulcineia Pavan
Projeto gráfico e diagramação: Zap Design
Capa: Gabrielle Sodré

Dados Internacionais de Catalogação-na-Publicação (CIP)

C154m   Calisto, Dalila Alves.
Mercantilização da água análise da privatização do saneamento de Teresina (PI) / Dalila Alves Calisto. -- 1. ed.-- São Paulo : Expressão Popular, 2023.
144 p. : il.

ISBN 978-65-5891-080-0
Inclui bibliografia.

1. Água – Mercantilização – Teresina (PI). 2. Indústria de Saneamento – Privatização - Teresina (PI). 3. Serviços de saneamento - Teresina (PI). I. Título.

CDU 628(812.2)

Catalogação na Publicação: Eliane M. S. Jovanovich CRB 9/1250

Todos os direitos reservados.
Nenhuma parte deste livro pode ser utilizada ou reproduzida sem a autorização da editora.

1ª edição: março de 2023

EDITORA EXPRESSÃO POPULAR
Alameda Nothmann, 806
Sala 06 e 08, térreo, complemento 816
01216-001 – Campos Elíseos – SP
livraria@expressaopopular.com.br
www.expressaopopular.com.br
[f] ed.expressaopopular
[o] editoraexpressaopopular

SUMÁRIO

VIDAS SECAS – O PROCESSO DE LUTAS CONTRA
A MERCANTILIZAÇÃO DA ÁGUA E A ENERGIA
PELA CLASSE TRABALHADORA URBANITÁRIA 7
Federação Nacional dos Urbanitários (FNU)

PREFÁCIO 15
Leonardo Boff

INTRODUÇÃO 21

OS MOVIMENTOS E AÇÕES DO CAPITAL SOBRE A ÁGUA 27

A REESTRUTURAÇÃO DA INDÚSTRIA DE SANEAMENTO
DE ACORDO COM OS INTERESSES PRIVADOS 79

O PROCESSO DE PRIVATIZAÇÃO DOS SERVIÇOS DE
SANEAMENTO EM TERESINA 111

CONSIDERAÇÕES FINAIS 131

REFERÊNCIAS 137

VIDAS SECAS – O PROCESSO DE LUTAS CONTRA A MERCANTILIZAÇÃO DA ÁGUA E A ENERGIA PELA CLASSE TRABALHADORA URBANITÁRIA

Federação Nacional dos Urbanitários (FNU)

O presente livro, brilhantemente confeccionado pelo Movimento dos Atingidos por Barragens (MAB) em parceria com a Editora Expressão Popular, nos traz uma questão central dos tempos presentes: a mercantilização da água e suas contradições.

Em tempos de emergência climática, o capital reafirma que sua única saída para a crise que ele próprio criou é aprofundar cada vez mais a mercantilização da vida em todas as suas dimensões. Nesse contexto a privatização da água se insere como uma das principais estratégias para que o capital transnacional possa retomar suas taxas de lucro.

Este é o alerta que nos faz Dalila Alves Calisto neste livro, fruto de sua homônima dissertação de mestrado, "Mercantilização da água: análise da privatização do saneamento de Teresina (PI)".

Por obviedade, basta começar com a definição de que mercado é uma categoria histórica, porém, a financeirização dos serviços mais primordiais, ou seja, a *commoditization* (comoditização) está diretamente ligada a um determinado modelo agressivo da face da brutalidade do capitalismo vigente – a transformação de absolutamente tudo em mera mercadoria, incluindo até mesmo a água.

A Federação Nacional dos Urbanitários (FNU), fundada em 20 de novembro de 1951 na cidade do Rio de Janeiro, representa 202 mil trabalhadores(as) do ramo urbanitário em atividade, além de 119 mil aposentados(as). A FNU possui vinculação direta com tal tema, e, como parceira do MAB, compartilha preocupações, lutas e questionamentos com o movimento. Ao todo, são 41 entidades sindicais filiadas à Federação que, hoje, estão presentes em todas as regiões do país, atuando em defesa dos direitos dos(as) trabalhadores(as) dos setores de energia, saneamento, meio ambiente e gás. A FNU também é ligada ao Observatório Nacional do Saneamento (Ondas), que também trava lutas contra a mercantilização em diversos estados brasileiros, brigando bravamente pela universalização do saneamento, seu acesso, sua qualidade e sua gratuidade.

É importante dizer que o fenômeno observado em Teresina, como bem aborda o livro, possui características sintomáticas. A principal delas é a de que a privatização costuma ser apresentada como solução falaciosa para os problemas graves da universalização. Trata-se, na prática, de um debate frágil, pois não é feito na livre imprensa com a devida equalização de vozes, havendo, neste caso, quase um uníssono para o mercado e seus *think tanks*. Também podemos mencionar a ilusão de que o mercado oferecerá concorrência, quando na verdade se trata de formação de oligopólios ou monopólios, deixando a população e o poder público nas mãos de pouquíssimos. Outro aspecto tratado é a falácia da geração de empregos, quando na verdade observa-se o contrário: a mercantilização da água – promovendo demissões, terceirizações, redução de salários e precarização da mão de obra – faz o oposto do que a solução mágica apresentada pela mídia convencional. A qualidade na prestação de serviço também é reduzida, há falta de acompanhamento para soluções segmentadas, como o caso de populações rurais, indígenas e comunidades vulneráveis, e aqueles detentores de "tarifas sociais" também são prejudicados com profundidade, tanto pela ausência de fornecimento, em vários casos, quanto pelos altos custos. Por último, ressalta-se que o "apoio" ou as "consultorias" de entidades nacionais e internacionais do grande capital financeiro, tais como as do Banco Mundial ou Fundo Monetário Internacional, também estão presentes nos processos de privatizações, dada também a necessidade de se aplicar dinheiro público nestes processos, no caso inclusive do Banco Nacional de Desenvolvimento Econômico e Social (BNDES), não bastasse a ironia cruel de ter financiamento público para o capital essencialmente privado.

O livro se foca em Teresina, mas o fenômeno da mercantilização da água não se restringe a tal território, e se agrava. Principalmente após a Lei 14.026 de 2020, ela se mostra com as mesmas características (salvo poucos aspectos) em vários estados da federação.

No Rio Grande do Sul, o processo de privatização da Corsan se mostrou muito preocupante ao povo gaúcho; porém, encontrou um opositor heróico: o Sindiágua-RS (ligado a FNU), que travou e trava um debate amplo nas frentes institucionais – do TCE-RS até a CVM – e também populares, se valendo de mobilizações, atos e apoios políticos da sociedade civil organizada, realizando inclusive audiências com o detentor das concessões, os municípios, onde uma das estratégias bem sucedidas reuniu centenas de prefeitos e vereadores ao lado de suas populações.

No Rio de Janeiro, em 30 de abril de 2021, três dos quatro blocos da Companhia Estadual de Água e Esgoto do Rio de

Janeiro foram leiloados (Cedae); o que levou a uma elevação nas tarifas, frequentes reclamações da população e insegurança trabalhista aos funcionários.

Minas Gerais e São Paulo também não são exceções a tal fenômeno. Em Minas Gerais, a Companhia de Saneamento de Minas Gerais (Copasa), após o governo ultraliberal do Partido Novo tomar posse, sofre constantes ameaças de seu próprio governador sobre a "necessidade de privatização", sem adentrar, adensar ou qualificar o debate, deixando, como diria Roberto Schwarz, "as ideias fora do lugar", não bastasse também as ameaças da falta de perspectiva sobre a Serviços de Saneamento Integrado do Norte e Nordeste de Minas Gerais S/A (Copanor), que lida com saneamento para a população mais vulnerável do Estado – no caso das duas companhias, há uma qualificação do debate para a população e um enfrentamento advindo do Sindágua-MG (ligado à FNU), que confronta o tema da mercantilização da água em todas as suas frentes.

Em São Paulo, o debate sobre a privatização da Companhia de Saneamento Básico do Estado de São Paulo (Sabesp) foi marcante no processo eleitoral, no qual o candidato vencedor ao governo coloca como uma de suas propostas a privatização da companhia. Em ambos os casos, é notável que o debate também se furte muito a tocar no tema das retiradas de lucros extraordinários de tais companhias mediante a necessidade de um investimento mais pujante, e claro, no tema da mão invisível do capital especulativo e do movimento acionário, que, mais uma vez coloca a água, além de mercantilizada, inserida na "jogatina" da bolsa de valores.

No estado da Bahia, não é também diferente. No dia 31 de março, a Assembleia Legislativa da Bahia (ALBA) votou o Projeto de Lei 24.362/2021 que permite a qualquer instante a privatização da Empresa Baiana de Água e Saneamento (EM-

BASA). Mesmo sendo de bandeira pela "esquerda", o governo da vez ignorou a posição, os alertas e observações da resistência realizada com bravura do Sindae-BA (também parceiro de lutas da FNU), e avançou na devastação do saneamento.

Os exemplos citados acima refletem uma tendência contrária do Brasil perante o mundo: a da reestatização do saneamento. Cidades como Setubal, em Portugal, Berlim, na Alemanha, Paris, na França, Budapeste, na Hungria, Bamako, no Mali, Buenos Aires, na Argentina, Maputo, no Moçambique, e La Paz, na Bolívia, são só alguns exemplos entre os quase 900 outros casos de reestatização do serviço de água, esgoto e coletas de lixo.

No Brasil, o *zeitgeist* também compõe uma variável que é parte da simbiose política entre autoritarismo, extrema-direita ou direita "liberal" e privatizações: assim como no Chile com o pinochetismo, a mercantilização da água é presente de uma economia de pilhagem cuja diretriz é a exclusão do povo e o esvaziamento do debate.

Há uma necessidade, portanto, de uma interoperabilidade na qual a FNU se propõe no combate de tal fenômeno, que envolve o ambiente acadêmico e científico, os trabalhadores em saneamento (principalmente o sindicalismo) e a sociedade civil organizada, formando então uma barreira sistêmica contra o fenômeno que se mostra também sistematizado, ligado a prática do *lobby,* da falta de republicanismo de políticos exclusivistas, de discurso fácil e falacioso, curto-prazistas e conjuntamente com interesses do capital financeiro, formando uma espécie de "*perfect storm*" para privatizações. A vigilância, conclui-se, deve ser constante e ativa.

Diante da dificuldade e do tamanho da tarefa histórica, a FNU se lança com iniciativas tais como a do lançamento do Comitê Popular de Luta dos(as) Trabalhadores(as) do Saneamento, das iniciativas essenciais da Campanha Sede Zero e do

Projeto de Lei do direito à água – configurando iniciativas que vão desde maior acesso da população rural à água, banheiros públicos para a população em situação de rua, maior inserção da tarifa social para as populações vulneráveis até a positivação da água enquanto um direito humano e social. Além das iniciativas citadas, a FNU também tem o Coletivo Nacional de Saneamento, por onde reuniões frequentes são pautadas na luta por um saneamento cuja agenda é a permanente defesa da bandeira da justiça social e também humanitária do debate sobre saneamento.

O título deste texto se inspirou em Graciliano Ramos: pensar que o tema é árido e que o corpo, e também a alma de populações, podem secar não só de sede, afinal, na medida em que somos privados do acesso à água, também somos levados à miséria, principalmente à pobreza do debate que é terceirizar os nossos bens mais naturais e básicos, como a água, para poucos – promovendo muitas vezes precarização das condições de saúde, econômicas, financeiras e trabalhistas das populações, o que pode e levar não somente ao retrocesso, mas também ao fenômeno migratório.

O livro de Dalila promove o caso de Teresina como uma espécie de situação espelho do que pode esperar o Brasil se tal questão continuar a ser fracamente discutida e se os truísmos falaciosos da vez vencerem não apenas leilões de saneamento, mas também o ideário dos povos – daí a emergência de tornar a água um direito social inalienável e incondicionável: de não se deixar levar pelo preço, mas ser compreendido como um valor humano.

É necessária a compilação do *know-how* e dos casos presentes nesse livro para sempre nos lembrar da verdadeira ideia de progresso social. Como dizia Mario Vargas Llosa, Prêmio Nobel de Literatura de 2010, "o objeto que representa a civilização e o progresso não é o livro, o telefone, a internet ou a bomba atômica. É a privada sanitária" – antes de nos preocuparmos com qualquer espécie de inovação em termos de "administração ou gerencialismo" da vez, termos a certeza que de SANEAMENTO É BÁSICO.

PREFÁCIO[1]

Leonardo Boff

Este livro de Dalila Alves Calisto – *Mercantilização da água: análise da privatização do saneamento de Teresina (PI)* –, muito bem trabalhado, aborda o tema da água indo além do caso específico de sua pesquisa circunscrita à Teresina. Desvela aquilo que é a marca específica da atual sociedade mundial e brasileira: a mercantilização de tudo.

Karl Polaniy já em 1944, em seu clássico *A Grande Transformação,* mostrou como nos últimos decênios passamos de uma economia de mercado para uma sociedade de mercado. Nela tudo vira mercadoria, os *commons* como a água, as sementes, órgãos humanos e até as coisas mais sagradas, como as próprias pessoas e as religiões. Com essa mercantilização, nas palavras de um crítico do século XIX, se verifica a "grande corrupção e a venalidade universal". O que antes era intercambiado e doado – como o saber, a consciência e a verdade – passou a ser mercadoria a ser levada ao mercado, e aí a ganhar o seu preço.

A autora mostra como esse processo de mercantilização da água e do saneamento básico está em curso no Brasil. Potência

---

[1] Informações biográficas e fotos podem ser consultadas em www.leonardoboff.org.

mundial de água potável, o país possui 13% das reservas do planeta, perfazendo 5,4 trilhões de metros cúbicos, embora seja desigualmente distribuída: 70% na região amazônica, 15% no Centro-Oeste, 6% no Sul e no Sudeste e 3% no Nordeste.

Dalila Alves, com acerto, denuncia que

> a estratégia é criar o mercado mundial da água no Brasil, estabelecendo negociações sobre os direitos de uso da água, por meio das outorgas, onde os grandes usuários de água poderão estabelecer negociações dos direitos de uso e transferir os custos onerosos das tarifas de luz, água, entre outros, para terceiros, bem como reestruturar a indústria de saneamento de acordo com os interesses privados.

Nesse processo se estabelece um grande dilema, que esconde interesses e conflitos: A água é fonte de vida ou fonte de lucro? A água é um bem natural, vital, comum e insubstituível ou um bem econômico a ser tratado como recurso hídrico e como mercadoria?

A luta mundial levada adiante especialmente pelos movimentos sociais – no Brasil, entre outros, pelo Movimento dos Atingidos por Barragens (MAB) – se contrapõe a esse sistema perverso que não reluta, em função do lucro, a precificar os bens mais sagrados, dos quais depende a vida humana e também a natureza, fazendo literalmente de tudo objeto de lucro. Trata--se de salvaguardar os commons, vale dizer, aqueles bens que sustentam a vida e garantem a sua reprodução. O principal entre eles é seguramente a água, um bem comum público mundial e patrimônio da biosfera.

Como porém a água é escassa e demanda uma complexa estrutura de captação, conservação, tratamento e distribuição, implica uma inegável dimensão econômica. Esta, entretanto, não deve prevalecer sobre a outra; ao contrário, deve torná-la acessível a todos e os ganhos devem respeitar a natureza comum, vital e insubstituível da água. Mesmo implicando altos custos econômicos, estes devem ser cobertos pelo poder público e, eventualmente, em parceria com a sociedade organizada.

A autora discute detalhadamente e de forma crítica as mudanças no setor de saneamento a partir do novo marco legal n. 14.026/20, no qual o aparato de organização política e legal garante uma inter-relação chamada por ela de "obscena" entre os agentes empresariais, agentes de Estado, agentes políticos, agentes nacionais e internacionais que viabilizam os negócos da água e do saneamento básico.

Face a esse processo mercadológico que ofende a natureza e penaliza os seres humanos, especialmente os mais desvalidos, a autora faz uma conclamação justa:

> Construir uma grande luta em defesa da água como um direito e um patrimônio da humanidade, pela participação e controle popular sobre as fontes de água, contra as privatizações e os altos preços das tarifas é urgente e necessário para que se impeça e/ou se reverta esse processo em curso.

O caso que estudou, o saneamento da cidade de Teresina (PI), é um protótipo que revela as investidas do setor privado de cariz capitalista na indústria do saneamento brasileiro.

Nesse sentido, o livro, além de seu caráter científico, possui alto valor político. Fornece pistas sobre como as políticas públicas e os movimentos sociais engajados numa relação mais respeitadora da natureza, e não meramente interesseira e mercantil, devem vigorosamente se opor à voracidade do capital, que desconhece limites e qualquer respeito, em prejuízo dos bens comuns e das populações que têm o direito inalienável de acesso a esses bens.

Felicitamos a autora Dalila Alves Calisto pela seriedade da pesquisa e pelo seu sentido social e político conferido a ela, visando especialmente as populações despossuídas.

Petrópolis, 22 de fevereiro de 2022.

*Dedico este trabalho a José,
Margarida, Marina, Sócrates,
Lucas e Sabino,
que marcham a vida comigo
cultivando sonhos de novos mundos
ainda possíveis e
ao Movimento dos Atingidos por
Barragens (MAB).*

*O entusiasmo e a força são insuficientes para vencer
a opressão. A classe oprimida precisa juntar a força,
o pensamento e a esperteza para vencer a dominação.
Deve saber desmontar o sistema capitalista e apontar
soluções para os problemas do povo. Estudar significa
entender o que está acontecendo consigo e com os
outros; é estar capacitado para descobrir respostas para
os problemas que afligem o povo hoje. É fácil derrotar
quem não estuda, quem não pensa. É triste que muitos
estudados não entrem na luta, mas é imperdoável que
lutadores não estudem, não sejam intelectuais.*

(Cepis)

INTRODUÇÃO

A disputa dos grandes grupos econômicos pelo controle da água no mundo cresce a cada dia visto que o capital, em meio à atual crise econômica mundial, busca expandir seus interesses e redefinir mercados. Enquanto grandes corporações visam se apropriar da água doce do planeta para transformá-la em fonte de lucro, os povos lutam para garantir que ela seja reconhecida como um direito humano essencial à vida.

O Brasil detém a maior base natural hídrica do planeta (13% do total mundial), com a presença das maiores bacias hidrográficas, dentre elas as dos rios Amazonas, Araguaia, Tocantins, Paraná, Uruguai, São Francisco, além de 27 aquíferos e 94% do setor de saneamento estatal, que é composto por 57 milhões de ligações residenciais de água, 32 milhões de ligações de esgoto, 662 mil quilômetros de redes de água, 325 mil quilômetros de redes de esgoto, 217 mil trabalhadores e uma movimentação financeira anual de 110 bilhões de reais.

Nesse sentido, esta publicação tem como objetivo refletir a dimensão da disputa da geopolítica da água no Brasil, com vistas a revelar como se dá a articulação do capital financeiro com as forças político-legais, viabilizando a privatização da água e dos recursos naturais a partir da lógica da gestão estratégica de riscos. Em outros termos, busca-se identificar como se dá esse processo, que passa a construir novas normativas e leis consoantes ao funcionamento neoliberal e que assegura às empresas a adoção de gestão de riscos; assim, elas inserem os custos nas tarifas.

O experimento de privatização em curso no Brasil se insere nesse contexto global como um grande atrativo tornando-se um enorme campo gravitacional de empresas que, em um contexto de crise econômica, precisam mudar as suas formas de ganho de capital. As principais empresas que estão na disputa pelo controle da água e do saneamento no Brasil são: Suez, Ambev, BRK Ambiental, Brookfield, Aegea Saneamento e Participações, BTG Pactual, Fundo Japonês Sumitomo, Equipav, Fundo Soberano de Cingapura, Banco Itaú, Banco Mundial, Equatorial Energia, Veolia, Banco Votorantim, Santander, Credit Suisse, Águas do Brasil, Iguá Saneamento, GS Inima, Coca-Cola e Vale.

Em conjunto com estas instituições, e para viabilizar a estratégia de privatização da água e do saneamento no Brasil atuam outros organismos – órgãos multilaterais, bancos privados e o próprio Estado – como agentes que garantem a reprodução do capital. Dessa forma, a estratégia é criar o mercado mundial da água no Brasil, estabelecendo negociações sobre seus direitos de uso, por meio das outorgas, que permitirão aos grandes usuários de água estabelecer negociações dos direitos de uso e transferir para terceiros os custos onerosos das tarifas de luz, água, entre outros, bem como reestruturar a indústria de saneamento de acordo com os interesses privados. Entendida, neste texto, como uma grande infraestrutura estatal, construída há décadas, que combina diversos serviços – desde a captação, tratamento e distribuição de água potável, coleta e tratamento de esgoto e limpeza urbana, até os serviços de drenagem –, configurando-se como uma estrutura com capacidade estratégica e rentável e com milhões de consumidores. Como parte dessa estratégia, em 2020, foi aprovada a Lei n. 14.026/20 (Brasil, 2020), estabelecendo novo marco regulatório para o saneamento, e está tramitando no Senado o PL 495/17, que estabelece a criação de mercados de água em bacias hidrográficas.

Este trabalho nasceu da necessidade de se discutir e analisar como ocorre a privatização de serviços e setores públicos de extrema importância no cotidiano de milhões de pessoas, como é o caso do setor de saneamento, e com isso a mercantilização da água. Algumas perguntas perpassam toda a linha de pensamento desta pesquisa. Por que o Estado Brasileiro, ao invés de privatizar o setor de saneamento, não investe no seu funcionamento com qualidade e quantidade? Por que no ordenamento jurídico do país a água ainda não é considerada um direito humano fundamental inalienável?

O presente trabalho tem como objetivo analisar o processo de mercantilização da água no Brasil, a partir da privatização do saneamento em Teresina. Para isso, a pesquisa foi conduzida com uma metodologia baseada em estudo bibliográfico, análise de relatórios técnicos e documentos de empresas e órgãos governamentais, notícias de cunho jornalístico, configurando-se em uma pesquisa de caráter exploratório, a partir de um estudo de caso.

Não obstante, esta pesquisa trata-se de uma reflexão coletiva, que não se restringe e não se inicia na academia; ao contrário, vem sendo forjada no interior das lutas específicas e conjuntas do Movimento dos Atingidos por Barragens (MAB) que, historicamente, tem atuado na organização das famílias expulsas pelas águas que atingem as famílias, os camponeses, para gerar a energia do capital e têm como uma de suas bandeiras: a luta em defesa da água e da energia para soberania do povo, e não como uma mercadoria a serviço do capital e das grandes multinacionais. Nessa abordagem, nos importa situar o MAB como sujeito social e político que tem a palavra, a posição política ideológica nas demandas da sociedade e que é um sujeito da luta social, que em conjunto com outros movimentos sociais formam várias vozes que vão dando o tom de mudança na estrutura da sociedade. Todavia, enquanto sujeito político e social, importa-nos politizar o tema da água para o abastecimento humano, de modo a revelar as disputas e os problemas centrais que estão colocados para o atual momento sobre esse assunto que tem sido o ponto fulcral na disputa geopolítica do capital deste bem comum. Assim, esta pesquisa surge de uma necessidade coletiva de aprofundamento sobre o tema água e saneamento face a conjuntura de luta de classes no Brasil.

O presente estudo está organizado em três capítulos. No primeiro, tem-se reflexões sobre os movimentos do capital para a privatização da água no Brasil. Eles ocorrem de maneira simultânea e se constituem a partir de quatro elementos: geopolítico (a crise econômica e o Brasil como centro da disputa pela água); econômico (financeirização da natureza, tendo o setor de saneamento público como um território potencial para viabilização dos negócios capitalistas, a relação siamesa da estratégia de privatização de água com o setor elétrico, a ausência de participação da população e articulação das forças econômicas em conformidade com as forças político-legais para dominar o território); político (a ação do Estado e de organismos multilaterais para viabilizar e assegurar os negócios do capital); ideológico (o discurso da escassez, a construção do consenso, a busca do pensamento único, as técnicas de produção, a face reconhecida e a face escondida).

No segundo capítulo, é apresentada a reestruturação da indústria de saneamento de acordo com os interesses privados. O histórico de como se deu a construção dos marcos legais do saneamento até a sua construção como política pública – com o advento da Lei n. 11.445/2007 (Brasil, 2007) – e é sucedido pelas principais alterações da Lei n. 14.026/20, que constituem o novo modelo para o saneamento brasileiro.

Por último, o terceiro capítulo traz reflexões sobre o processo de privatização dos serviços de saneamento da cidade de Teresina (Piauí), que se apresenta como um protótipo das investidas do capital na indústria de saneamento, buscando compreender como se deu esse processo e os interesses econômicos, políticos e estratégicos envolvidos.

OS MOVIMENTOS E AÇÕES DO CAPITAL SOBRE A ÁGUA

A atual crise econômica mundial é a maior já ocorrida no mundo. No ano de 2020, a economia dos Estados Unidos sofreu a pior queda de sua história e é sabido que desde a Segunda Guerra Mundial não ocorria desaceleração tão profunda. Assim, paira profunda incerteza sobre a economia capitalista, e o apelo para retomar a confiança no mercado, contido no documento da Organização para Cooperação e Desenvolvimento Econômico (OCDE, 2020), de 16 de setembro de 2020, tem sido o discurso oferecido pelas forças econômicas para o consumo público em todo o mundo (Mészáros, 2015).

Diferentes analistas indicam que a crise se instalou mundialmente desde 2008. Assim, já se passou mais de uma década e os dados da realidade demonstram um agravamento da situação, principalmente com a presença da covid-19. E, pelas projeções, não há perspectivas de solução no curto prazo. Em recente publicação do Fundo Monetário Internacional (FMI) sobre os horizontes da economia mundial, o quadro é de instabilidade e incerteza para recuperação futura do crescimento global. Conforme constata o FMI (2020), "esta é a pior crise desde a Grande Depressão", está longe de terminar e a sua recuperação é altamente incerta.

Para Mészáros (2011), a atual crise do capitalismo é uma crise estrutural, sistêmica e diretamente relacionada aos mecanismos e às contradições internas do próprio capital. Diferente das crises anteriores, esta rompe com os intervalos cíclicos e, mesmo que possa ter alternâncias, mostra-se duradoura. Para o autor, consiste em uma crise na própria realização do valor. O princípio da produção de riqueza do capitalismo é a negação dos valores de uso e das necessidades humanas em decorrência da produção do valor abstrato e da mercadificação. O capital tem vocação para produzir valor abstrato, mas o valor só é valor em movimento, isto é, quando se realiza. Na medida em que o valor não se realiza, gera contradições internas na autorreprodução do capital, podendo suscitar crises.

O lucro é o fator que determina a produção das mercadorias e não a sua utilidade na vida das pessoas. Assim se pronuncia Mészáros:

> Mesmo que 90% do material e dos recursos do trabalho necessários para a produção e distribuição de uma dada mercadoria comercializada – um produto cosmético, por exemplo – fossem diretamente para o lixo e somente 10% efetivamente destinados ao preparo do produto, visando os benefícios reais ou imaginários do consumidor, as práticas obviamente devastadoras aqui envolvidas seriam plenamente justificadas, desde que estivessem sintonizadas com os critérios de 'eficiência', 'racionalidade' e 'economia' capitalistas, em virtude da lucratividade comprovada da mercadoria em questão. (Mészáros, 2011, p. 12)

As mercadorias têm sido cada vez mais produzidas não para o uso, mas para a troca, para atender a uma demanda especulativa do mercado financeiro. Um exemplo pertinente pode ser visto na habitação. O avanço do mercado capitalista tornou a provisão habitacional um meio para obter valor de troca em potencial, tanto para consumidores quanto para construtores, financiadores e todos os outros agentes (corretores de imóveis, analistas de crédito, advogados, corretores de seguro). As casas são construídas e vendidas não para atender o seu valor de uso, mas como instrumento de especulação, poupança e acúmulo de riqueza. Diferentemente de outras mercadorias que são consumidas de forma instantânea, uma casa se tornou uma mercadoria de alto custo que poderá ser usada durante anos como uma atividade especulativa de aluguel, arrendamento ou venda financiada para qualquer pessoa que possa pagar por ela. Essa subordinação do valor de uso (esfera da necessidade) pelo valor de troca (esfera da valorização do valor) é uma das grandes contradições do capital. Porque ao mesmo tempo que é uma das chaves para o funcionamento do capitalismo, o aumento dessa contradição pode provocar crises no próprio sistema, como a que estamos vivenciando (Harvey, 2016).

Santos (2017) afirma que o objeto tem um valor em si ou absoluto que diz respeito às suas propriedades intrínsecas, à sua constituição material. O mesmo objeto tem um valor relativo que tem a ver com a vida relacional. Dito de outra forma, isso quer dizer que o objeto tem um valor absoluto e um valor sistemático, um valor que ocorre a partir da relação desse objeto com outros objetos, com outros sistemas e com o desenrolar das ações do homem envolvendo esse objeto no espaço. Uma casa tem o seu valor absoluto – o que ela se propõe a oferecer, de acordo com suas características físicas – e serve para abrigar pessoas. O seu valor sistemático está vinculado a outras funções, como a venda, o lucro, a obtenção de vantagens, a concorrência e a própria exploração financeira.

Além disso, a crescente disputa geopolítica entre os Estados Unidos e a China pelo controle hegemônico do mundo impõe desafios ainda maiores para a superação da crise estrutural e sistêmica. Sem dúvida, esta é uma das crises mais profundas que já percorreram a história do capitalismo. Em primeiro lugar, dada a sua complexidade, não existe perspectiva de solução no médio prazo, o que indica que tende a ser prolongada. Em segundo, suas consequências são cada vez mais perigosas e destrutivas para a maioria da sociedade.

Dados recentes da Comissão Econômica para a América Latina e o Caribe (Cepal, 2020, p. 2) indicam que, só no ano de 2020, o desemprego cresceria mais de 3%. Somando esse aumento ao percentual de 8,1% registrado em 2019, significa que teríamos 37 milhões de desempregados a mais no mundo. Os índices de pobreza também cresceriam. Segundo o FMI (2020), 90 milhões de pessoas podem cair na extrema pobreza neste período de crise originado pela pandemia.

O desemprego estrutural, o aumento da violência, o empobrecimento da maioria da população, a derrubada dos regimes democráticos, a ascensão do fascismo e a destruição da natureza em uma escala global jamais vista anteriormente são sintomas de uma crise que tende a ir até as últimas circunstâncias, podendo ocasionar a autodestruição da humanidade, seja por meio da exploração infindável sobre a natureza, seja a partir de guerras militares (Mészáros, 2011).

Harvey (2016) aponta que as crises tendem a criar um momento oportuno de redefinição do padrão de acumulação capitalista. Segundo ele, crises são essenciais para a reprodução do capitalismo, e é no decorrer delas que as instabilidades capitalistas são confrontadas, remodeladas e reformuladas para criar versões do sistema; entretanto, por não serem ordenadas e lógicas, elas podem escapar do controle e intensificar a luta de classes. Sendo assim, a reação social às crises pode alterar o modo pelo qual o capital procurará resolvê-las. Todavia, o que for necessário acontecer para manter a reprodução desenfreada do sistema capitalista levará, impreterivelmente, à criação de condições apropriadas para a renovação do processo de acumulação (Harvey, 2005).

Vale recordar que a burguesia possui diversos mecanismos para enfrentar e vencer tais crises. Neste trabalho, recuperaremos o que consta no *Manifesto comunista*. Segundo Marx e Engels (2008, p. 18-19), para vencer tais crises, por um lado, a burguesia adota medidas "pela destruição forçada de grande quantidade de forças produtivas; por outro, por meio da conquista de novos mercados e da exploração mais intensa de mercados antigos". Em geral, as saídas das crises se baseiam em apropriação ou reformulações de novos setores ou produtos. Nesse contexto, emergem setores estratégicos no cenário internacional, sobretudo aqueles relacionados aos recursos naturais (Harvey, 2016).

A partir dessa compreensão de Marx, Engels e Harvey pode-se afirmar que está em curso uma estratégia internacional do capital sobre a água no Brasil, sobre a qual nos aprofundaremos a seguir. Trata-se de uma estratégia de conquista de novos mercados e da exploração mais intensa sobre este setor produtivo.

É fato que o capitalismo não possui limites para a sua expansão. Essa necessidade intrínseca de se expandir, que não é limitada pelas necessidades humanas, é parte do processo de reprodução desse sistema. Se não acumular, o capital não aumenta e, consequentemente, não consegue fugir da tendência da taxa de lucro decrescente. Nesse sentido, a busca incontrolável pela mais-valia é uma constante na reprodução do padrão de acumulação capitalista, que tende a transformar tudo em mercadoria. Quanto a isso, Huberman (1981) afirma:

> Em nossa sociedade os minérios são extraídos da terra, as plantações são colhidas, os homens encontram trabalho, as rodas da indústria se movimentam, e as mercadorias são

> compradas e vendidas, somente quando os donos dos meios de produção – a classe capitalista – veem uma oportunidade de lucro. (Huberman, 1981, p. 238)

É importante enfatizar que a acumulação foi uma questão essencialmente geográfica (Harvey, 2013) e, historicamente, a América Latina, em especial o Brasil, foram e são espaços fundamentais e estratégicos para a reprodução do valor. Há um enorme excedente de bens naturais e materiais no país, como as reservas potáveis de água, as florestas, a biodiversidade, os minérios e as estruturas públicas "que podem garantir certo poder de monopólio na concorrência com os outros" (Harvey, 2016, p. 132).

Em razão disso, o imperialismo estadunidense tem retomado a sua ofensiva contra os povos do Sul. A tática chamada de guerra híbrida foi responsável por uma onda de golpes jurídico-parlamentares que derrubou governos populares eleitos democraticamente em diversos países da América Latina, com o apoio das burguesias subservientes, dos partidos de direita e extrema-direita, setores midiáticos e empresariais.

No Brasil, o golpe de 2016 e a ascensão da extrema-direita, representada pela eleição de Jair Bolsonaro em 2018, intensificou procedimentos que aceleram o caminho para a adoção de uma verdadeira pilhagem sobre os trabalhadores e os bens naturais como a água. A aprovação da Emenda Constitucional EC-95/2016 (congelamento de gastos públicos primários), das contrarreformas trabalhistas (Lei n. 13.467/17), da terceirização total (Lei n. 13.429/2017), da liberdade econômica (Lei n. 13.874/2017), da EC-103/2019 (destruição da Previdência), as tentativas de privatização da Eletrobrás, dos correios, das refinarias da Petrobrás, do pré-sal, do setor de saneamento e a destruição da Amazônia simbolizam total depreciação do patrimônio público, do território brasileiro, e uma completa ameaça à soberania nacional e popular.

De acordo com Thomaz Júnior (2010), o capital tem à disposição os elementos necessários para avançar na expansão dos seus negócios. É sabido que a privatização envolve diferentes ações que, na ótica de Santos (2017), dizem respeito à natureza técnica do espaço ocupado. Segundo o autor, essas ações podem ser caracterizadas em três tipos: simbólicas (propaganda, discurso, argumentos); formais (que acontecem por meio da mediação, envolvendo leis e normas); e técnicas (o emprego da racionalidade, o uso de diferentes instrumentos e o lucro).

Concordando com essa perspectiva, Peter Wright (2009) define que o ambiente macro do capital concentra quatro forças que se convergem em função de sua estratégia: forças econômicas, sociais, político-legais e tecnológicas. Neste capítulo, destacaremos quatro movimentos que ocorrem simultaneamente para criar as condições para a expansão da mercantilização da água no Brasil: elementos geopolíticos, econômicos, políticos e ideológicos. Estes se inter-relacionam, de uma forma codependente, para a execução da estratégia de privatização da água. Compreendê-los ajuda-nos a revelar a "trama das multinacionais, governos aliados e Banco Mundial, que buscam a repartição das fontes e dos mercados de água" (Petrella, 2002).

Elementos geopolíticos

Ao afirmar que a disputa pela água é parte do contexto de redefinições no âmbito do processo de acumulação e reprodução ampliada do capital, é necessário compreender quais elementos geopolíticos o evidenciam. O primeiro diz respeito à crise capitalista. Conforme já abordado, vivemos em um período de crise de reprodução do valor, no qual as saídas encontradas pelo capital passam pela continuidade do processo de acumulação desenfreada e da mercantilização sobre todos os aspectos da vida social.

Para enfrentar a crise e recuperar as taxas de lucratividade, a burguesia adota diversas estratégias que intensificam a exploração do trabalho dos trabalhadores, conforme cita Gilberto Cervinski (2019):

> Em síntese, para aumentar o valor excedente, os agentes empresariais necessitam realizar movimentos para: 1) aumentar a jornada de trabalho, sem que isso implique custos a mais. No entanto para aumentar a lucratividade sem aumento de jornada, buscam adotar alternativas como: 2) reduzir o salário dos trabalhadores abaixo do preço médio ou valor da força de trabalho; 3) fazer contrair o tempo de trabalho necessário à produção de cada mercadoria através do aumento da produtividade do trabalho, para isso necessitam apropriar-se das tecnologias de maior produtividade do trabalho ou a) fazer cair o valor da força de trabalho (capital variável), o que necessitaria estratégias de inovações para diminuir o valor dos meios de subsistência; b) fazer cair o valor dos produtos do capital constante (meios de produção), para isso teria que b.1) inovar em instrumentos de trabalho para introduzir maquinarias mais eficientes, por meio das quais possa se produzir maior número de mercadorias no menor tempo de trabalho, de tal modo que o valor transferido por unidade de mercadoria produzida seja menor; e b.2) diminuir o valor em objetos de trabalho (matéria-prima) dominando os bens naturais de base vantajosa ou de menor valor, de tal modo que o valor transferido a cada unidade de mercadoria produzida seja menor. E por fim, c) estabelecer e dominar as melhores técnicas organizacionais do trabalho, exercendo o domínio sobre os trabalhadores mais especializados, as melhores técnicas de cooperação e divisão social do trabalho, as quais consigam reduzir o tempo de trabalho necessário à produção de cada unidade de mercadoria. (Cervinski, 2019, p. 90)

O segundo elemento é a elevada produtividade do território brasileiro. Sabe-se que o capital prioriza as regiões que reúnem as melhores condições para a manutenção da sua reprodução e do seu padrão de acumulação – locais que possibilitem a conquista de novos mercados e a intensificação da exploração de mercados antigos (Marx, 2008). Temos mais de 13% das reservas potáveis de água em todo o planeta Terra, que se traduz em um grande potencial de água subterrânea, à monta de 27 aquíferos, com reservas totais estimadas em 112 bilhões de metros cúbicos (Barlow e Clarke, 2003). Ainda, contamos com as maiores bacias hidrográficas do mundo, como a Amazônica e a do Prata (bacia do rio Paraná), que possuem as duas maiores vazões hidrográficas; a bacia do rio São Francisco, com 2.700 quilômetros de extensão, com relevada importância regional, assim como a bacia do rio Parnaíba, onde há sistemas de aquíferos localizados em áreas estratégicas, próximas ao Oeste europeu, além de toda a biodiversidade de florestas e ecossistemas. Sem contar a Eletrobras, maior empresa de energia da América Latina, que possui a outorga de 47 lagos hidrelétricos e 94% do setor de saneamento público, com estrutura instalada que corresponde a 57 milhões de ligações de água, 32 milhões de ligações de esgoto, 662 mil quilômetros de redes de água instaladas, 325 mil quilômetros de redes de esgotamento, 217 mil trabalhadores e um movimento de 110 bilhões de reais por ano (SNIS, 2018).

Diante da extraordinária crise do capitalismo que busca espaços de produção e extração de valor excedente, o espaço da água brasileira apresenta enormes potencialidades para atender aos objetivos dos agentes empresariais que atuam e controlam as áreas de energia elétrica, saneamento, indústria de bebidas, agricultura irrigada, mineração, entre outros. Evidentemente, as reservas brasileiras de água estão entre as maiores do mundo, e quem exercer seu controle sobre elas também pode vir a ter perspectivas de mercado mundial.

Nesse sentido, a disputa geopolítica da água tem no Brasil uma questão fulcral para o capital. A água não é propriedade privada do capital, mas os encaminhamentos legais apontam para essa tendência. O principal caminho se dá por meio da recente Lei n. 14.026/20, que altera o marco regulatório do saneamento, e do Projeto de Lei n. 495/17, que cria mercados de água em bacias hidrográficas brasileiras. Atualmente os países centrais são os que mais consomem água; no entanto, a maior parte da água doce disponível está concentrada nos países periféricos. Este excedente de base natural e material existente em nosso país assegura bases vantajosas para a reprodução da mais-valia. As bases vantajosas são aqueles espaços que naturalmente concentram as melhores condições e uma capacidade muito maior de acumulação e extração de lucro em comparação a qualquer outro local do planeta. Os grupos econômicos que passarem a controlar esta riqueza possuirão vantagens produtivas e tecnológicas na concorrência monopolista.

Nesse sentido, o Brasil se torna um grande atrativo e um experimento para fazer com que a crise econômica, ao menos neste setor, se resolva a partir de bens naturais privatizados. A água, que é patrimônio do povo brasileiro, tende a se tornar uma propriedade privada das grandes empresas. Ao mesmo tempo, tal estratégia atualiza nossa antiga posição de exportadores de bens primários para o mundo sob um elevado grau de exploração da nossa terra. Esse elemento possui um aspecto antigo e novo. Segundo Florestan Fernandes, o capitalismo brasileiro é de caráter dependente, perverso, deformado e, além disso, controlado pelos *de fora* e *para* os de *fora*.

> Os povos de origem colonial ou não partilharam da evolução do capitalismo, ficando à margem das vantagens dessa civilização ou participaram dela como colônias, semicolônias ou nações dependentes, o que gerou várias formas de desenvolvimento capitalista controlado de fora e voltado para fora no sentido de que as estruturas e os dinamismos de suas economias e de sociedades estavam sempre nucleados a centros externos, que exerciam ou pelo menos compartilha-

vam do comando da exploração capitalista. Alguns países de origem colonial conheceram o não desenvolvimento, outros o subdesenvolvimento e todos tiveram enormes parcelas da riqueza *nacional* transferidas para o exterior, alimentando o esplendor do florescimento do capitalismo na Europa e nos Estados Unidos (ou no Japão). (Fernandes, 2018, p. 78-79)

Este modelo capitalista de caráter dependente impede que as reservas potáveis de água sejam colocadas a serviço do desenvolvimento do povo brasileiro. Em troca disso, são empregadas para arregimentar lucros para o grande capital. Nessa perspectiva, o que se vê é a ampliação de um processo de acumulação primitiva que se impõe mais uma vez aos países periféricos, e que faz do Brasil um território de espoliação. Essa estratégia do capital sobre a água no Brasil inaugura um movimento de mudança e de reestruturação na cadeia produtiva do saneamento, que pode se converter em um mercado lucrativo para as empresas. Isso acarreta uma maior concentração privada sobre os bens naturais e os serviços públicos de saneamento no país, incluindo a privatização completa do setor de saneamento e o controle perpétuo sobre os rios e bacias hidrográficas. Mas quem está por trás dessa estratégia, quem são os maiores interessados na expansão da mercantilização da água? A seguir, revelaremos de forma detalhada quais os planos e quem são os grupos econômicos que comandam esses interesses.

Elementos econômicos

A busca por estabelecer negócios na água faz parte da lógica de financeirização da natureza. Este elemento econômico se funde com a dimensão geopolítica, visto que transformar bens naturais em bens de mercado e, por conseguinte, em propriedade privada, é um movimento crescente na geografia do capitalismo contemporâneo.

Conforme explicita Harvey (2016), o capital vê a natureza como uma imensa reserva de valores de uso potenciais (de processos e coisas) que podem ser usados direta ou indiretamente (por meio da tecnologia) na produção e na realização de valores de mercadorias (Harvey, 2016). O capital desintegra a natureza para transformá-la em mercadoria e propriedade privada.

Conforme Acserald (2011), uma premissa do capital que orienta essa utilização dos recursos naturais é apenas considerar os limites impostos entre a quantidade de recursos materiais e energéticos disponíveis no ambiente. O capital não leva em conta a vinculação dos recursos ambientais às necessidades sociais presentes no mesmo espaço em observação. O mesmo autor afirma que os recursos ambientais são indissociáveis dos fatores sociais em qualquer circunstância. As políticas de cunho neoliberal adotadas nas últimas décadas acentuaram o processo de desigualdade quanto aos benefícios e malefícios do uso dos recursos ambientais: benefícios para as grandes corporações e malefícios para os grupos vulneráveis locais.

A valoração econômica de determinados elementos ambientais, isto é,

> dar preço ao que não o tinha, é uma operação que procura redesenhar a fronteira entre a esfera do mercado e a esfera não mercantil [...] dotados de preços, os 'bens ambientais' seriam empregados de forma supostamente racional por agentes econômicos que maximizam suas utilidades segundo informações do sistema de preços. (Acserald, 2011, p. 18)

Nessa perspectiva que o capital adota de transformação do recurso ambiental em produto de consumo, a privatização da água se apresenta como um evento factível.

Essa lógica de financeirização visa ao aprofundamento da concepção da água como um meio para realização do valor de troca, em detrimento dos seus valores de uso. Isso pode ser identificado na proposta de Lei n. 495/17, que visa a criação de mercados de água em bacias hidrográficas. O artigo 27-A expõe:

> Os mercados de água funcionarão mediante a cessão onerosa dos direitos de uso de recursos hídricos entre usuários da mesma bacia ou sub-bacia hidrográfica, por tempo determinado, com o objetivo de promover alocação eficiente dos recursos hídricos, especialmente em regiões com alta incidência de conflitos pelo uso de recursos hídricos.
> Parágrafo único. A alocação eficiente de que trata o *caput* é aquela que otimiza os benefícios socioambientais e econômicos gerados pela utilização da água na área da bacia hidrográfica. (PLS N. 495/17, Senado Federal, Tasso Jereissati – PSDB/CE)

A proposta de criação de mercados de água sugere um novo instrumento de gestão da crise hídrica. Na visão da Organização para a Cooperação e Desenvolvimento Econômico (OCDE), expressa no relatório de 2016 enviado à Agência Nacional das Águas (ANA), uma gestão eficaz dos recursos naturais e da segurança hídrica, com capacidade de promover a conservação das bacias hidrográficas e diminuir a poluição, passa por uma cobrança adequada pelo uso dos recursos hídricos. Como, porém, conciliar essa gestão hídrica empreendida pelo capital e os interesses sociais e locais das comunidades? Mais à frente, discutiremos aspectos relacionados às possíveis respostas a esta questão.

As contradições que emergem da relação do capital com a natureza não têm imposto limites ao crescimento exponencial do modo de produção capitalista, bem como à escala dos conflitos territoriais em torno do acesso à água no Brasil (Thomaz Júnior, 2012). Tanto que, há anos, as questões ambientais têm sido transformadas em oportunidades de lucro para o capital. Os exemplos disso são os mercados de carbono e a poluição ambiental, que simbolizam a capacidade que o capital tem de driblar essas questões (Harvey, 2016).

Um outro elemento que compõe o fundamento econômico da estratégia é o fato de que, na atualidade, a indústria de saneamento no Brasil representa um território potencial para exploração dos negócios capitalistas.

Em termos gerais, estamos falando de um setor que possui mais de 20 empresas estatais de saneamento atuando em caráter estadual, e que são responsáveis por 75% da distribuição de água no país, chegando a atender mais de 170 milhões de pessoas, em mais de 4 mil cidades; além disso, 53% das residências brasileiras são atendidas com a coleta de esgoto e 46% do esgoto que é coletado é tratado (SNIS, 2018). Esta estrutura de saneamento instalada corresponde a 57 milhões de ligações de água, 662 mil quilômetros de redes de água instaladas e 325 mil quilômetros de redes de esgotamento sanitário. Além disso, o setor possui uma capacidade de expansão dos serviços, visto que a metade da população, cerca de 100 milhões de pessoas, ainda não está conectada às redes de coleta e tratamento de esgoto. Essa oportunidade de gerar negócio com a expansão dos serviços de esgotamento sanitário, bem como outros serviços, relaciona-se com as ousadas metas e investimentos estimados pelo novo marco regulatório que preconiza a universalização dos serviços de saneamento em pouco mais de uma década. Nessa nova base de cálculo, as metas somadas aos volumosos investimentos serão primordiais para prever e justificar os custos das empresas, que serão transferidos ao preço final cobrado nas tarifas.

Assim a disputa se dá em torno da estrutura produtiva do saneamento. Como podemos ver no gráfico a seguir, o setor privado controla apenas 6% dos serviços de distribuição de água e 12% da coleta e tratamento de esgoto no país (Figura 1). Hoje, as empresas privadas atingem cerca de 30 milhões de pessoas, em 291 municípios brasileiros, e possuem a estimativa de atender mais de 40% da população brasileira nos próximos anos. Como forma de viabilizar esse objetivo, foi aprovada recentemente a Lei n. 14.026/20 no Congresso Nacional, que será objeto de aprofundamento posterior.

Figura 1 - Panorama da prestação de serviço do saneamento brasileiro

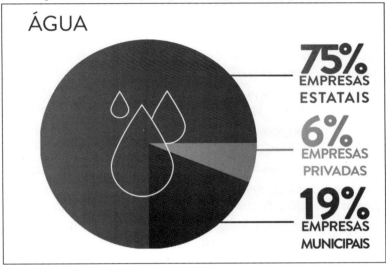

Fonte: Banco Mundial (2018, p. 5).

Um dos principais argumentos para a liberação do setor de saneamento às empresas privadas é o de que a concorrência entre as empresas capitalistas promove a eficiência do setor. Entretanto, uma pesquisa publicada pelo Instituto Mais Democracia (2017), em parceria com a Fundação Heinrich Boll, demonstra que dos 245 municípios brasileiros que possuíam contratos de concessão em 2017, mais de 85% estavam sendo controlados por apenas cinco empresas privadas: BRK Ambiental (antiga Odebrecht Ambiental), Aegea Saneamento e Participações, Grupo Águas do Brasil, Iguá Saneamento e o grupo GS Inima Brasil.

Esses dados colocam em questão o discurso bastante defendido pelas forças econômicas – de que é preciso abrir espaço para que haja a concorrência capitalista entre as diversas empresas privadas –, pois revela que o que está ocorrendo é a consolidação de um monopólio privado, e isso possivelmente não tem garantido uma oferta qualitativa dos serviços.

Em 2020, um documento publicado pela Associação Brasileira das Concessionárias Privadas de Serviços Públicos de Água e Esgoto (Abcon) revelou que nos últimos anos houve uma maior expansão dessas empresas no país. Segundo o texto, atualmente, o setor privado está operando em 291 municípios brasileiros; destes, 213 municípios estão sob o controle destas cinco maiores empresas de saneamento destacadas, as quais já estão presentes em 20 estados brasileiros.

Só a empresa BRK Ambiental, que está em primeiro lugar no *ranking* (Tabela 1) e controla 112 municípios, reúne mais do que a soma total de todos os contratos comandados pelas empresas de saneamento supracitadas. Sem contar que, nos últimos anos, ela vem se expandindo em diversos estados do Nordeste, como Piauí e Maranhão e, recentemente, comprou a Companhia de Saneamento do Estado de Alagoas (Casal), em Alagoas, onde passará a atuar em 13 novos municípios que fazem parte da região metropolitana de Maceió (*Valor Econômico*, 2020). A tabela a seguir mostra quem são as principais donas do setor privado de saneamento no país.

Um aspecto importante é que todas as cinco grandes empresas de saneamento são controladas pelo capital estrangeiro, seja sob a forma de fundos de investimento e instituições financeiras, como bancos, seja a partir de empresas transnacionais. Essa expansão do capital estrangeiro sobre os serviços de saneamento está tornando a água um ativo transnacional.

Tabela 1 - Composição acionária das principais empresas privadas de saneamento e o território de atuação

Empresa	Controlador	%	Total de municípios	Total de estados
BRK AMBIENTAL	Brookfield Asset Management Inc - fundo de investimentos canadenses	70%	112	13
	Fundo de investimento FI-FGTS	30%		
AEGEA	Família Toledo e Vettorazzo, dona da Equipav S.A.	71,05 %	44	11
	Fundo soberano de Cingapura - GIC, do governo de Cingapura	18,67%		
	Banco Mundial, por meio do IFC e do Global Infrastructure Fund - GIF	10,28%		
IGUÁ SANEAMENTO	IG4 Capital (ex-RKP Investimentos)	45,5%	36	5
	Galpar	28,6%		
	Votorantim	9,2%		
	BNDESPar	15,8%		
ÁGUAS DO BRASIL	Carioca Christiani-Nielsen Engenharia	54%	12	3
	Grupo japonês Itochu	12%		
	New Water Participações Ltda	17%		
GS INIMA BRASIL LTDA	GS E&C, grupo sul-coreano, por meio da GS Inima Environment S.A.	97,8%	9	3
	Tecnicas y Gestion MédioAmbiental S.A.U (espanhol)	2,2%		
TOTAL			213	

Fonte: Elaborada pela autora (2020) a partir de dados do IMD (2017) e Abcon (2020).

Os fundos de investimento e os bancos representam 58% do total de proprietários das empresas privadas de saneamento. Algumas destas empresas já são totalmente controladas por estes agentes financeiros, como é o caso da BRK Ambiental que é controlada pelos fundos canadenses e do FIP saneamento, e a Iguá Saneamento, que é formada por EX-RKP investimentos, Galpar, Banco Votorantim e BNDESPar (Instituto Mais Democracia, 2005).

As demais empresas, Aegea, Grupo Águas do Brasil e GS Inima (Tabela 1), são controladas pelo capital estrangeiro por meio de instituições que também atuam em diversos outros ramos da economia, como o setor imobiliário, de energia, estradas, logística, engenharia e construção, entre outros. A atuação de empresas estrangeiras na disputa dos processos de privatização do saneamento também foi percebida durante a subconcessão dos serviços de saneamento de Teresina, em 2017, durante os editais de licitação; além da BRK Ambiental, Aegea e Águas do Brasil, também estiveram presentes empresas chinesas.

Essas empresas contêm ações sob a burguesia brasileira e o capital internacional. Uma relação siamesa entre burguesia interna e burguesia externa. Assim também tem sido nas estatais do saneamento que, desde os anos 1990, vêm sendo incorporadas na lógica do mercado, como é o caso da Companhia de Saneamento Básico do Estado de São Paulo (Sabesp). A Sabesp é uma empresa de economia mista que possui metade das ações controladas pelo Estado de São Paulo e a outra metade controlada por diversos bancos privados, como Credit Suisse Asset Management LLC e Capital Research & Management Co (SNIS, 2018). Um dos bancos que controlam ações da Sabesp, o Credit Suisse, da Suíça, esteve presente em evento realizado pelo Banco Nacional de Desenvolvimento Social (BNDES) sobre saneamento, em 22 de junho de 2020, juntamente com os bancos Santander e o Miles Capital, e a Abcon (BNDES, 2020). A participação destes agentes financeiros num evento que tem como finalidade discutir os futuros investidores do setor de saneamento revela o retrato fidedigno de quem serão os próximos donos do setor em todo o país, em poucos anos. Partindo dessas constatações, é possível identificarmos quem serão os futuros proprietários do setor de saneamento no Brasil.

Tabela 2 - Principais empresas que disputam os negócios da água e do saneamento no Brasil

Banco	Setor de saneamento	Setor de energia	Engarrafadoras de água	Fundos de investimento nacionais	Fundos de investimentos estrangeiros
Itaú	AEGEA Saneamento S.A	Equatorial Energia	AMBEV	FIP Saneamento	Fundo canadense
BTG Pactual	BRK Ambiental	SUEZ	NESTLÉ		Fundo Japonês Sumitomo
Miles Capital	Águas do Brasil	NEOENERGIA	Coca-Cola		
Credit Suisse	Iguá Saneamento	Vale			
Santander	Brookfield			FI-FGTS	Fundo Soberano de Cingapura
BID	Equipav		Weg		
Banco Mundial	GS Inima	Votorantim			
	Veolia				
BNDESPar	New Water Participações Ltda				
Outros setores	Estradas	Imobiliário	logística	Engenharia	Construção
				Carioca Christiani-Nielsen Engenharia	
Alguns países	China	França	Oriente Médio	Austrália	EUA
	Coreia	Japão		Espanha	

Fonte: Elaborada pela autora (2020) a partir de dados públicos.

Durante o evento, os bancos Credit Suisse, Miles Capital e Santander afirmaram que 80% do valor estimado para realização de investimentos na área do saneamento, que é de 700 bilhões de reais, será viabilizado por meio da criação de dívidas. Um dos planos das empresas é gerar uma enorme dívida no setor, que pode chegar a meio trilhão de reais, e renderá altos lucros para os bancos por meio de juros altíssimos que serão cobrados nas tarifas de água.

Para os bancos, a geração de dívidas será uma oportunidade de auferir lucros. Um estudo realizado em 2016 pela *Economatica*, a partir de dados das dez maiores companhias estatais de saneamento, revelou que a dívida do setor de saneamento brasileiro gira em torno de 22 bilhões de reais. A Sabesp concentra a maior parte, com cerca de 11 bilhões. Isso quer dizer que com a privatização, a dívida do saneamento aumentará em mais de 20 vezes, isto é, será criada uma gigantesca dívida no setor, e, por meio disso, serão transferidos todos os juros sobre a dívida para as contas de água da população, que, mais uma vez, será obrigada a pagar a conta.

Para termos uma ideia, o volume de investimentos previstos na área de saneamento é muito maior do que o investimento feito no setor de energia. Em evento realizado pelo BNDES no ano de 2020, João Roriz, diretor do Credit Suisse, refere-se à isto como "o tamanho dessa oportunidade" para o capital. Fabiano Custódio, do banco Miles Capital, complementa afirmando que, na época, o total da base de ativos do setor elétrico para prestar os serviços foi de 110 bilhões de reais, enquanto o saneamento prevê 700 bilhões, um volume sete vezes maior. Com isso entende-se que o setor de saneamento poderá ser muito maior do que o que é hoje o setor elétrico, em termos de lucratividade para o capital.

A crescente participação do capital financeiro nesse setor, segundo Ferreira (2008), resulta da expansão do processo de internacionalização dos negócios da água. A mercantilização da água, concretizada pela ação do capital financeiro, poderá tornar esse recurso precioso à vida ainda mais escasso para uma grande parcela da população, em vez de promover uma suposta distribuição equitativa advinda de uma gestão hídrica feita pelo capital. Nos últimos anos, o Banco Mundial, o BTG Pactual e o Banco Itaú têm atuado na estruturação de modelagens e nas formas de financiamento para o setor de saneamento e das bacias hidrográficas brasileiras. O domínio alcançado pelo sistema financeiro tem lhe permitido reestruturar quase toda cadeia produtiva do saneamento e definir modelos de gestão de água de acordo com os seus interesses de acumulação e financeirização.

Essa reestruturação tem promovido um movimento de mudança na indústria do saneamento e tem causado o desmantelamento da política pública em favor da estruturação de um modelo privado para o setor. No caso do saneamento, visto que as empresas privadas controlam apenas 6% do mercado brasileiro, há todo um espaço vazio que, na economia capitalista, corresponde a potenciais territórios para exploração e expansão geográfica do capital (Harvey, 2016). Nesse sentido, o capital vai compondo um conjunto de consórcios para modelar uma forma de atuar. Isso ocorre com o intuito de criar as condições para um processo produtivo com receita futura que garanta lucro e investimentos. É um modelo baseado na receita garantida para remunerar investimentos, autofinanciado. Com isso, o capitalismo tenta atenuar os riscos e as possibilidades de existência da crise.

Para o capital, os serviços de saneamento devem ser transformados em bens de mercado para garantir uma extraordinária lucratividade às empresas privadas por meio da definição de um modelo tarifário autofinanciado. Esse modelo de financiamento prevê as tarifas como as principais fontes de financiamento do setor. Desde os anos 1990, essa modelagem é especialmente usada no Brasil, porque garante fonte de lucros extraordinários às corporações de energia do setor elétrico. No caso da eletricidade, o custo é baixo porque há um grande acúmulo de água e um sistema já instalado; no entanto, a concessionária vende a tarifa de energia baseada em parâmetros internacionais, que incluem outras diversas fontes de energia além da hidroeletricidade. Essa padronização internacional do capital sobre as *commodities* faz com que, em um país onde o preço da energia deveria ser um dos mais baratos, a população pague uma das tarifas de energia mais caras do mundo. O capital padroniza as *commodities*, independentemente das condições regionais (Yeung, 2005). As forças regionais, que podem ser de natureza econômica, política e social, teriam que reagir às determinações do capital internacional, criar alternativas nacionais e regionais em função da diversidade de recursos naturais, bem como o melhoramento dos recursos sociais e domínio da carga técnica e científica do território (Santos, 2001).

Além disso, a estratégia de privatização da água possui uma relação siamesa com o setor elétrico, uma vez que essas empresas de energia poderão consolidar novos negócios, assim como já preveem novas tarifas a serem incorporadas na conta de luz. Os principais formuladores da metodologia de privatização do saneamento também atuam no setor de energia, assim como os estudos técnicos elaborados pelo capital financeiro apresentam o modelo elétrico vigente como a forma ideal a ser adotada no saneamento. Já existe um vínculo de atuação entre os entes econômicos em ambos os setores (setor elétrico e setor de saneamento) que facilita ainda mais a estratégia de expansão. Um exemplo é o BTG Pactual, que é o maior comercializador de energia do país e o responsável por formular a nova modelagem tarifária para o setor de saneamento.

Na recente Lei n. 14.026/20, o setor elétrico é apresentado como modelo ideal não apenas em relação à metodologia tarifária, mas a todas as outras mudanças apresentadas na nova lei do saneamento, como a instituição de uma agência reguladora nacional, a formação de blocos regionais fragmentando o setor, os contratos de concessão como a via única de prestação de novos serviços, a cobrança de tarifas para cada serviço de saneamento, a proibição de contratos de programa e o impedimento das companhias estatais continuarem funcionando sob uma gestão pública, que vão de encontro à atual organização do setor elétrico brasileiro. Essa estrutura de negócios é tão lucrativa que há um grande interesse das grandes empresas (ou *players*) de energia de se expandirem também para a área do saneamento, como a Equatorial Energia, que cobra uma das tarifas mais caras e já está participando de editais de licitação para executar serviços de saneamento no país. Recentemente, participou do leilão de venda da Casal, com uma oferta de dois bilhões de reais. O Relatório de 2017 do BTG Pactual explicita bem esse interesse:

> Os benefícios da regulamentação adequada vão além do processo de venda potencial para os estados, e incluem maximizar investimentos pós-privatização e a possibilidade de atrair capital de *players* que já operam no segmento de energia elétrica. (BTG Pactual, 2017, p. 4)

Nesta discussão da privatização, tanto do setor elétrico quanto do setor de saneamento, é bastante relevante a ausência de um nível de participação da população. Uma boa parte dela não se apropriou do conhecimento técnico, científico e ideológico no sentido de se contrapor ao que está sendo imposto. O modelo de participação dirigida pelos agentes públicos e do capital é um modelo de participação para legitimar o que já foi decidido e não um modelo de participação para questionar e decidir. "De modo geral, a classe trabalhadora sempre esteve ausente como também nunca foi convidada a participar das discussões para organizar a indústria de eletricidade" (Gonçalves, 2017).

Além disso, existe a articulação das forças econômicas em conformidade com as forças político-legais para dominar o território. Em busca de atingir esses objetivos, são desenvolvidos diagnósticos e estudos técnicos com o intuito de identificar as melhores possibilidades de extração de mais-valia e formas de controle do processo de trabalho. De 2016 a 2019, na esteira da privatização da água, surgiram alguns estudos que foram fundamentais para o recente avanço da estratégia de privatização da água no Brasil.

A realização de diagnósticos e estudos técnicos é fundamental para a estratégia do capital, porque a partir daí são feitas as projeções e as modelagens que possibilitarão identificar novas áreas de exploração. Estudos dessa natureza costumam ser feitos por órgãos públicos ou instituições financeiras privadas. Quando não podem realizar os estudos, elas financiam fundações e institutos de pesquisa para que os desenvolvam de acordo com os termos que lhe são sugeridos. A partir do levantamento realizado são constituídos relatórios com informações precisas e argumentativas que, em seguida, orientarão as ações do Estado e do mercado.

Os estudos buscam transparecer a ideia de eficiência, otimização dos recursos, racionalidade, investimento adequado, equilíbrio econômico-financeiro para o setor, bem como de planejamento e melhoria para todos, entretanto, por trás desse discurso esconde-se o objetivo principal, o de obter lucro às custas da exploração do setor.

A tabela 3 apresenta os principais estudos fundamentais para se entender o recente avanço da estratégia de privatização da água no Brasil e identificar os interesses, bem como os problemas processuais, contratuais, entre outros.

Estes estudos revelam o encontro e a convergência das forças econômicas, políticas e tecnológicas com o intuito de buscar a melhor maneira de explorar o setor de saneamento e as bacias hidrográficas, transformando a água cada vez mais num recurso de valor econômico. Essas forças compõem o ambiente macroeconômico do capital. A intencionalidade dos estudos da OCDE, da ANA e do Banco Itaú são equivalentes ao Projeto de Lei n. 495/17 de criação de mercados de águas. Os três estudos concordam nas seguintes proposições: a falta de uma gestão que determine o preço da água é o que tem gerado o desperdício e a contaminação dos corpos hídricos, e a necessidade de adotar uma gestão estratégica de riscos das bases naturais que vincule diretamente o sistema econômico e o sistema hidrológico. Quanto à questão, assim se pronuncia a OCDE:

Tabela 3 - Estudos do capital para definição de orientação dos projetos de lei de domínio da água no Brasil

Nome do estudo	Área	Objetivo	Ano	Autores
"Diagnóstico Saneamento"	Saneamento	Mudar o marco regulatório do saneamento brasileiro	2016	Casa Civil
"Saneamento Básico: uma revolução se aproxima"	Saneamento	Mudar o modelo tarifário do saneamento e a venda das estatais	2017	BTG Pactual
"Cobranças pelo uso de recursos hídricos no Brasil: caminhos a seguir"	Bacias hidrográficas	Mudar a política de cobrança pelo uso dos recursos hídricos, aumentando o preço das outorgas em bacias hidrográficas brasileiras	2017	OCDE (Organização para a Cooperação e Desenvolvimento Econômico)
"Contas Econômicas Ambientais da Água no Brasil"	Bacias hidrográficas	Levantamento da disponibilidade dos recursos hídricos e das demandas de águas das grandes empresas	2018	Agência Nacional de Águas (ANA)
"Setor Elétrico: Como Precificar a Água um Cenário de Escassez"	Bacias hidrográficas	Estabelecer a precificação da água a partir da lógica da escassez, podendo incluir novas tarifas na conta de luz	2019	Instituto Escolhas (Banco Itaú)
"Serviços Urbanos de Água e Esgotamento Sanitário (A+E): Desafios da Inclusão e da Sustentabilidade Rumo ao Acesso Universal"	Saneamento	Mudar a estrutura de organização do saneamento, incluindo a forma de financiamento, regulação, prestação dos serviços	2018	Banco Mundial

Fonte: Elaborada pela autora (2020).

A crise da escassez hídrica de 2014 no Brasil proporcionou um impulso único para a mudança. A concorrência feroz entre os usuários abriu uma janela de oportunidade para considerar o uso da cobrança como uma ferramenta para a transição de uma gestão de crises para o gerenciamento de riscos associados à água. [...] A cobrança pelo uso de recursos hídricos é um meio para um fim: ao promover um uso mais eficiente da água e prevenir e controlar a poluição, a cobrança pode ajudar a evitar que os riscos associados à água se tornem barreiras ao crescimento sustentável do Brasil no presente e no futuro. [...] Atualmente, no Brasil, a cobrança pelo uso de recursos hídricos é estabelecida em níveis que são muito baixos para gerar mudanças comportamentais na maioria dos usuários (geradores de energia hidrelétrica, indústrias, agricultores e utilitários) e para financiar funções de gestão de recursos hídricos. (OCDE, 2017, p. 1-2)

A proposição da OCDE é de que a cobrança da água gera um resultado pedagógico, pois pelo fato de o preço da água ser cobrado a partir de um determinado valor, uma mudança nos padrões de uso e de comportamento seria criada. A questão é: transpor um modelo de gestão industrial do capital que perceba os riscos a curto e médio prazos para a gestão do recurso natural da água é possível? A ANA realizou um estudo no qual apresenta a seguinte proposta:

Eventos recentes no Brasil exemplificam a relação entre os recursos hídricos e a economia. A crise hídrica em 2014 e 2015 na região Sudeste interferiu diretamente nos setores de saneamento e energia elétrica. Houve impacto direto na saúde financeira de grandes empresas brasileiras do setor de saneamento. O consumidor sofreu nos últimos anos as consequências da elevação do custo de geração de energia elétrica por meio de termelétricas, acionadas em decorrência da diminuição da oferta por meio de hidrelétricas devido à escassez de chuvas. A seca na bacia do Piancó-Piranhas-Açu, no Semiárido Brasileiro, resultou em grandes perdas econômicas de junho de 2012 a junho de 2017, impactando os diferentes setores usuários de água. Em 2015, o rompimento de uma barragem de rejeitos em Mariana (MG) afetou fortemente todas as atividades econômicas que dependem das águas do rio Doce, diminuindo patrimônios individuais e coletivos. Todos esses fatos evidenciam a vinculação entre o sistema econômico, social e ambiental, entre muitos outros exemplos vivenciados no Brasil. Por isso é mandatório que os países se afastem progressivamente do desenvolvimento calcado em políticas setoriais segmentadas, e adotem paulatinamente uma abordagem de gestão integrada e abrangente, para a explicitação clara das relações entre o sistema econômico e o sistema hidrológico, de maneira que se possa formular e implementar políticas públicas baseadas em evidências dessas interconexões. (ANA, 2018, p. 9)

Cabe evidenciar que a relação entre sistema econômico e hidrológico expressa o controle econômico privado sobre as bacias hídricas, ou seja, a propriedade privada sobre a água. Portanto, não é adequado admitir que a lógica de gestão proposta pela ANA seja correta. O modelo mais avançado consta na Declaração Final do Fórum Alternativo Mundial da Água (Fama), de 2018: a "água não é e nem pode ser mercadoria. Não é recurso a ser apropriado, explorado e destruído para bom rendimento dos negócios". Resta saber quais seriam os termos desse modelo de gestão integrada do sistema econômico com o sistema hidrológico. Os sujeitos, populações ribeirinhas e camponesas, usuários em geral, serão consultados e considerados nessa construção de modelo de gestão? Como gerenciar a escassez de chuvas? Quem são os responsáveis pela carga ambiental imposta aos ecossistemas e populações, como a poluição, queimadas, desmatamento e mudanças climáticas? Qual seria o elo entre a hidrologia e a economia na implantação desse modelo de gestão?

Em 2019, o Banco Itaú realizou um estudo denominado "Setor elétrico: como precificar a água em épocas de escassez?". Esse estudo apresentou o seguinte:

A concessão das outorgas para uso do recurso hídrico, da forma como vem sendo executada, não tem se revelado um instrumento de gestão eficaz. De modo geral, o Brasil desconhece o real consumo e uso da água. Não há medições, controle nem fiscalização da quantidade efetivamente retirada. Na prática, havendo um metro cúbico adicional de água, não se sabe para qual usuário ele deve ir ou, na falta dele, quem deve ser priorizado. [...] em um cenário de escassez, a precificação e a implementação de um sistema robusto de gestão integrada dos recursos hídricos são as ferramentas que a sociedade, o Governo e as empresas precisam para mitigar a disputa pela água e evitar prejuízos bilionários à economia nacional, em especial ao Setor Elétrico, e o consequente repasse ao consumidor por meio de aumentos na conta de luz. Os dados que serão mostrados evidenciam a importância de se trazer à tona as fragilidades do sistema de gestão, das instituições e da governança dos recursos hídricos, estabelecer a água como insumo prioritário e começar o debate sobre a adoção de mecanismos de preço. A definição de critérios econômicos e de prioridades para a tomada de decisão tem de se antecipar à crise e derrubar o mito da abundância de água no Brasil. (Instituto Escolhas, 2019, p. 5)

Em nenhuma destas citações a água é apresentada como um direito humano fundamental. Os povos, que historicamente lutam pela garantia de seu acesso, a compreendem como um direito humano, dentro de uma concepção universal, que define a água como um bem comum que deve beneficiar a todos e possuir controle popular. Para o MAB:

A água é um bem comum em benefício de todos os seres vivos, e deve ser submetida a um gerenciamento público, democrático, local e sustentável. Os conhecimentos locais e tradicionais de gerenciamento da água, que protegem e consideram o ecossistema em sua totalidade, existem desde sempre. Eles são testemunhas atemporais de sua eficácia. As políticas públicas e as leis sobre a água devem reconhecer e respeitar esses conhecimentos. (MAB, 2012, p. 1)

Esse entendimento abarca a concepção universal de que a água é um bem comum essencial à vida da humanidade, sobre a qual deve existir controle popular com soberania dos povos, e que não deve ser transformado em uma mercadoria e propriedade privada.

A compreensão coletiva da água como *não mercadoria* é conflitante com o discurso do capital sobre sua base natural. Na perspectiva das forças econômicas, político-legais e tecnológicas destacadas anteriormente, a natureza passa a ser considerada um grande estoque de recursos utilizado numa visão de controle e regulação feita pelo capital. Esse objetivo é atingível na proposta de criação de mercados de água contida no Projeto de Lei n. 495/17, de autoria do senador Tasso Jereissati (PSDB/CE), em tramitação no Senado Federal. O Projeto defende que as bacias hidrográficas devem ser transformadas em mercados de compra e venda de água, e que devem funcionar a partir da negociação sobre os direitos de uso desta entre empresas usuárias de uma mesma bacia hidrográfica, em períodos de escassez, estiagem ou incidência de conflitos pelo uso dos recursos hídricos. As empresas ficarão autorizadas a "negociar um aumento ou diminuição da vazão de descarga de uma usina hidrelétrica para suprir a demanda de água desses em determinado período" (Senado Federal, PL 495/17), ou mesmo comprar direitos de uso da água daqueles que não estejam gerando "rentabilidade" no processo produtivo por meio de sua utilização. Esse sistema aumentará o nível de pobreza e desamparo social de agricultores que por uma razão ou outra não se mostram eficientes do ponto de vista produtivo. Aumentará as disputas por este recurso natural e limitará ainda mais o acesso de água para a população. Consta na justificativas do Projeto de Lei de Tasso Jereissati a seguinte declaração:

> Só em situações normais, o uso múltiplo deve ser priorizado, contudo, em situações de escassez hídrica, não faz sentido sustentar a todo custo os usos múltiplos para manter a utilização

de água por usuários que apresentem baixíssima eficiência na utilização da água em suas atividades produtivas. (Senado Federal, PL 495/17, p. 6)

Em períodos de escassez os mercados de água suspenderão os usos múltiplos, e a prioridade sobre os usos da água será somente para quem possui tecnologias, equipamentos, máquinas e sistemas produtivos adequados para gerar rentabilidade e eficiência na utilização da água, como hidrelétricas, agroindústrias, termelétricas, entre outros. Agricultores familiares, por não disporem de tecnologias e equipamentos, ficarão sem acesso à água para o cultivo agrícola? Já em épocas de estiagem, as empresas que possuem a outorga perpétua sobre as águas terão direito de estabelecer negócios especulativos. O "excedente" de água, isto é, a água que não estiver sendo utilizada para produção de eletricidade, poderá ser vendida no mercado livre para outra empresa usuária que demonstrar interesse. Quanto a isso, consta nas justificativas do PL n. 495/17 a seguinte afirmação:

> Já no caso da bacia hidrográfica do Rio São Francisco, os fruticultores poderiam comprar direitos de uso de água de agricultores com ineficientes sistemas de irrigação ou de piscicultores. Ainda, o prestador do serviço de abastecimento de água potável na Bacia do São Francisco poderia comprar os direitos de uso de água de agroindústrias. (Senado Federal, PL 495/17 p. 6)

Essa especulação sobre quem deve ter prioridade de uso da água, a partir de critérios econômicos e não baseados nas necessidades sociais, transforma o direito em mercadoria. Cervinski e Calisto argumentam da seguinte forma:

> A criação de mercados de água trará consequências desastrosas para a vida do povo. A primeira é que o povo ficará proibido de acessar gratuitamente qualquer fonte de água nos rios. Haverá um maior número de restrições ao acesso. Terá água

somente quem puder comprar, portanto, se eliminará o 'direito à água' para prevalecer o acesso à água proporcional ao poder econômico que cada um tiver. Tende a acontecer uma explosão nas tarifas de energia elétrica com a incorporação da precificação de m³ da água dos lagos. Além disso, aumentará a destruição de nascentes e de rios inteiros e o desmatamento de regiões ribeirinhas e áreas de preservação, além da destruição da soberania do país, com entrega de bens do povo brasileiro ao controle empresas transnacionais, bancos e fundos internacionais de investimento, ou seja, a água passará ao controle do capital financeiro. (Cervinski e Calisto, 2017, p. 6)

Corroborando a posição de Cervinski e Calisto (2017), a criação de mercados de água impedirá a população brasileira de acessar os rios, pois a prioridade de uso da água estará condicionada aos interesses econômicos dos setores produtivos. O Projeto de Lei n. 495/17 altera o artigo 50 da Lei n. 9.433/97 (Brasil, 1997) e passa a determinar que só terá direito de captar água quem possuir outorga – aqueles que não tiverem e tentarem fazê-lo estarão sujeitos a cobrança de altas multas, que poderão variar de 500 a 50 milhões de reais. Por outro lado, as empresas, usuárias de água, terão acesso permanente ao recurso. A liberação de outorgas será facilitada, e as empresas poderão solicitá-las somente para comercializá-las no mercado livre. Essas instituições passarão a ter o direito de posse exclusiva sobre os rios e bacias hidrográficas, que serão tratados como territórios de especulação financeira.

Essa negociação sobre os direitos de uso da água se relaciona com o estudo realizado pelo Banco Itaú. Este apresenta proposta de precificação da água a partir da lógica da escassez, na qual os custos onerosos e as perdas econômicas sofridas pelas empresas poderão ser repassados para os consumidores finais de energia elétrica, resultando em uma nova cobrança nas contas de luz. Assim se pronuncia o Instituto Escolhas (2019):

A disponibilidade hídrica no Brasil varia enormemente, da abundância amazônica até o semiárido nordestino. O surgimento precoce de conflitos por água em um país privilegiado, que detém 12% da água doce disponível no planeta, faz soar o alerta de que existem falhas no gerenciamento dos recursos hídricos. As soluções passam por um maior controle da água, por meio de instrumentos de gestão como a cobrança do uso dos recursos hídricos – outorga, fiscalização, medição, monitoramento e levantamento de dados mais eficientes. A água é insumo básico para o Setor Elétrico, tanto para a geração hidrelétrica como para a geração termelétrica. Em períodos de crise hídrica ou durante situações de disputa, se a operação das usinas não for bem planejada, a insuficiência desse insumo pode custar bilhões de reais por ano ao Setor Elétrico. O custo tem sido da empresa geradora, mas parte e/ou o total do prejuízo pode ser repassado aos consumidores de energia elétrica do país, por meio de valores adicionais ou encargos na tarifa. (Instituto Escolhas, 2019, p. 9)

Na lógica proposta, mesmo que os custos sejam das empresas usuárias de água (agronegócio, indústrias hidrelétricas e termelétricas), o valor total ou parcial poderá ser repassado para os consumidores finais da tarifa de energia elétrica, por meio de encargos ou novas taxas, conforme aconteceu na Bacia do rio Jaguaribe, em 2017:

Localizado na Bacia do rio Jaguaribe, no estado do Ceará, e considerado o maior açude de usos múltiplos do Brasil, o Castanhão tem apresentado situações de criticidade e atingiu a marca de 5% de seu volume total de água em 2017, o pior cenário desde sua entrada em operação, em 2002. Em condições normais abastece a Região Metropolitana de Fortaleza e o Polo Industrial de Pecém, que abriga duas grandes termelétricas a carvão, responsáveis por uma demanda de água equivalente à de uma cidade com 600 mil habitantes. Dado que o abastecimento humano é prioritário, o Governo do Ceará publicou a Lei n. 16.103, de 02 de setembro de 2016, que prevê uma cobrança diferenciada pelo uso dos recursos hídricos, o Encargo Hídrico Emergencial (EHE), às empresas operadoras das UTEs. A tarifa de contingência pelo uso dos recursos hídricos considera o volume de água bruta consumida pelas termelétricas, que é equivalente a sete vezes o valor mensal praticado. O Governo estabeleceu o encargo de forma a 'inibir' o uso dos recursos hídricos pelas usinas Pecém I e II, que pagaram para manter o funcionamento. O último EHE definido pelo Governo do Ceará indicou uma tarifa entre R$ 2.067 e R$ 3.101/m³ para a água consumida. Após pedido de revisão negado pela Agência Nacional de Energia Elétrica (Aneel), as usinas ganharam na Justiça o direito de repassar os prejuízos milionários para as contas de luz dos consumidores. A Aneel acatou a decisão judicial, reconhecendo o pedido de readequação do equilíbrio econômico-financeiro do Custo Variável Unitário (CVU) das usinas, em virtude do alto custo da água, e determinando o ressarcimento do valor pago. Com isso, houve o repasse do aumento do CVU ao Contrato de Comercialização de Energia Elétrica no Ambiente Regulado, o qual foi incorporado à tarifa de energia. Os consumidores de energia elétrica de todo o país pagaram, entre setembro de 2016 e agosto de 2019, R$ 148 milhões devido ao acréscimo do valor referente ao EHE nas contas de água das usinas termelétricas de Pecém. (Instituto Escolhas, 2019, p. 10)

Se o exemplo do Castanhão – o Encargo Hídrico Emergencial (EHE) – servir como um protótipo para precificar a água em situações de escassez, poderá ser instituído um prejuízo permanente à população, principalmente a mais pobre.

A justificativa para essa precificação é a de que crise hídrica está gerando perdas econômicas para as empresas e que isso pode acarretar problemas estruturais para o setor elétrico. O estudo apresenta uma estimativa de um possível prejuízo que o sistema elétrico pode vir a ter, baseando-se em situações diferenciadas; assim, três formas de precificação da água são previstas para o maior gerenciamento dos recursos hídricos: a precificação por nível de criticidade da bacia, a precificação pelo custo de oportunidade do recurso hídrico e a precificação da disputa pelo uso da água.

Para cada situação foi apontada uma estimativa em reais, baseada em exemplos regionais, do quanto poderia significar essa precificação para as empresas do setor elétrico. Conforme o estudo, a escassez hídrica na Bacia do rio Jaguaribe custou entre 2016 e 2019, para os consumidores de energia elétrica, cerca de 148 milhões de reais. Já na Bacia do Rio São Francisco, o prejuízo anual para a geração de termelétricas poderá ser de mais de 100 milhões de reais, e para a hidrelétrica cerca de 2,5 bilhões de reais (Instituto Escolhas, 2019). Sob a justificativa de que os conflitos pela água geram situações de insegurança hídrica, o estudo estimou uma perda anual de 2 bilhões de reais ao ano pela não utilização de todo o potencial de energia firme da Usina de Belo Monte, ocasionada pela não autorização de licença ambiental ou pela pressão popular das populações ribeirinhas e indígenas. Todas essas formas de taxação de um preço pela existência de conflitos da água, a taxação pela existência de disponibilidade de água e a taxação pela escassez são questões discutíveis. Ao fim, essa lógica apenas demonstra que a precificação só tem sentido em uma evidente estratégia econômica de estabelecimento de propriedade privada burguesa sobre a água e a busca de elevadas taxas de lucratividade ao capital que vier a controlar estes negócios. Portanto, o enigma é a privatização da água para garantir lucro ao capital internacional.

Elementos políticos

O capital depende da ação do Estado para definir, codificar e dar forma legal aos seus interesses privados. Temos visto diversas iniciativas de projetos de lei e medidas provisórias garantindo a máxima liberdade e direitos de propriedade ao capital sobre a água no Congresso Nacional, sob o respaldo do

Estado brasileiro que, por meio do presidente da República e da maioria dos parlamentares, têm atuado para criar todas as condições legais e institucionais alargando os negócios da classe dominante. Mészáros (2015) explica:

> O Estado tornou-se a expressão política do capital, a forma de organizar e viabilizar as forças produtivas, o regime de propriedade privada, as relações entre as classes sociais e um intrincado sistema de regras e condutas que viabilizassem a produção da mercadoria. (Mészáros, 2015, p. 10)

Concordando com o autor, o Estado como expressão política do capital é um comitê que dá sustentação aos negócios comuns de toda a classe burguesa, é o viabilizador dos negócios do capital e o guardião dos direitos da propriedade privada e dos direitos individuais. O sistema capitalista não funciona sem a atuação do Estado como o agente responsável por manter em vigor uma legislação que assegure a propriedade, o estabelecimento de regras e os contratos; além do controle da classe trabalhadora, de tal forma que esta se mantenha em um grau adequado de dependência (Marx, 2009), sem as quais não há como os mercados modernos funcionarem. Quanto a isso, Gramsci (1989) afirma:

> O Estado não é somente o aparelho governamental, mas também o aparelho privado [...] de formação da consciência, enfim, da hegemonia: a sociedade civil. É a soma das funções de domínio e hegemonia [...]. O Estado é todo o complexo de atividades práticas e teóricas com as quais a classe dirigente não só justifica e mantém o seu domínio, mas consegue obter o consenso ativo dos governados. (Gramsci, 1989, p. 87-147)

O Estado funciona como um sistema composto por instituições que atuam protegendo a propriedade privada e o lucro. Ele busca uma forma de governabilidade capaz de criar consensos. Garantir um sistema composto por instituições políticas, econômicas, organizacionais e ideológicas que age assegurando formalidade, legitimidade, formatação, criando governança que tem incidência em diferentes escalas. O mesmo é possível afirmar consoante ao estágio de degradação sistêmica do trabalho, em escala mundial, que em tempos de plataformas digitais, inteligência artificial, ganha dimensões mais intensas, amplas e generalizadas; tal degradação ocorre porque conta com o apoio e segurança jurídica, garantidos pelo Estado, para facilitar o estágio de superexploração dos trabalhadores, articulados às instâncias políticas e estruturas do sistema jurídico, legitimadas por meio das contrarreformas constitucionais e de destruição dos sistemas protetivos (Thomaz Júnior, 2019; 2020).

Santos (2017) afirma que há duas forças capazes de implementar eventos em grande escala: o Estado e os organismos internacionais; o Estado, pelo fato de ter a característica de implantar leis que atingem a nacionalidade e os organismos multinacionais, como a Organização das Nações Unidas (ONU), Organização Mundial do Comércio (OMC), por incutir orientações aos Estados-nação. Dependendo do contexto sociopolítico, o Estado pode lançar mão do seu aparelho coercitivo para fazer funcionar o projeto em discussão, o evento que é de interesse do próprio Estado e do capital. Assim, para Harvey (2005), é falaciosa a ideia de que o Estado-nação está encolhendo ou desaparecendo como centro da autoridade. Para ele, o que está acontecendo é que agora o Estado está decidido a criar um ambiente de negócios adequado para os investimentos externos.

O papel do Estado é atuar na apresentação, assimilação e na consolidação de projetos de lei que viabilizem o interesse do capital. No momento atual, na maior parte das vezes, uma lei, uma diretriz ou uma medida provisória não nasce das entranhas do Estado, mas sim das entranhas do capital. Este, nesse sentido, passa a dominar o Estado fazendo-o criar regulamentos e leis que defendam o lucro, privatizem os ativos da nação, muitas vezes em detrimento do interesse da sociedade como um todo. Tanto tem sido assim, que o BTG Pactual defendeu que, antes de dar início ao processo de privatização das companhias estaduais de saneamento, o governo brasileiro deveria garantir primeiro uma maior segurança jurídica às empresas privadas, mudando as regras e estabelecendo um novo modelo para o setor de saneamento que fosse baseado na atual organização do setor elétrico, pois, para o BTG, a atual regulação do setor de saneamento não é atrativa para o setor privado (*Valor Econômico*, 2017).

O estudo alegou que a grave crise fiscal em alguns estados brasileiros significava uma oportunidade bastante favorável para que o modelo de gestão do setor de saneamento fosse rediscutido no país. A recente Lei n. 14.026/20 (novo marco regulatório do saneamento) e o PL 495/17 (mercado de águas) são a via concreta pelo qual o capital se apropriará do setor de saneamento e das reservas naturais de água em nosso país.

Na prática, o capital decide as áreas e negócios que quer se apropriar para extrair valor e faz o Estado abrir caminho legal e institucional para alargamento de seus negócios. Esse modo de procedimento pode ser constatado em um evento realizado em junho de 2020 sobre saneamento, promovido realizado pelo BNDES, banco estatal. Em uma discussão sobre "atração de investidores aos projetos de saneamento", com presença de bancos privados, fundos de investimentos e associações de empresas privadas, os representantes reivindicavam com unanimidade questões como "segurança jurídica", "segurança regulatória", "previsibilidade", reajustes tarifários, modelo de negócio sob controle privado, além de "melhorar as condições regulatórias aos investidores", entre outros.

O modelo de negócio ao qual nos referimos foi instituído no Brasil na década de 1990, a partir da privatização do setor elétrico, em um período de grande auge do neoliberalismo, que se consubstanciou em nosso país, principalmente durante as gestões do PSDB no governo federal, nos anos de 1994 a 2003. Nesse período, também se empreendeu a tentativa de abranger o saneamento na ótica privatista, porém não foi viabilizada, como no caso da energia. Todavia, esse processo promoveu as bases para o início da privatização da água no Brasil. Por meio da aprovação da Lei n. 9.433/97, da Política Nacional de Recursos Hídricos, a água foi definida como um bem natural, público, dotado de valor econômico. Contudo, agora estão sendo estruturados caminhos legais para viabilizar esse modelo de negócio na água e no saneamento.

Os governos neodesenvolvimentistas não enfrentaram esse modelo, tampouco o promoveram de forma direta, isto é, não facilitaram a viabilização deste modelo de negócios nos demais setores da economia e dos setores e serviços públicos, de maneira geral. Durante os anos de gestão do PT no governo federal, entre 2003 e 2016, o setor de saneamento permaneceu sob o controle do Estado.

A lógica empresarial (neoliberal) que já vinha sendo incorporada no saneamento desde os mandatos de Fernando Henrique Cardoso (FHC) seguiu sendo adotada pelos governos do PT; entretanto isso não significou a perda do controle estatal sobre o setor de saneamento, mesmo sendo também um período no qual ocorreu um aumento na entrada de capital internacional no setor.

Exemplos dessa prerrogativa podem ser citados, como o fato de que, diferentemente do que ocorre na atualidade, durante os governos progressistas não houve propostas de privatização de companhias de saneamento em larga escala. Os casos de privatização dos serviços de saneamento ficaram limitados à escala municipal, focalizados em apenas alguns munícipios brasileiros. Entretanto, é importante ressaltar que este processo é marcado por rupturas e continuidades.

Mas o que ocorreu de ruptura e o que ocorreu de continuidade? O golpe de 2016 inaugurou um momento de rupturas naquilo que vinha sendo concebida como a política de saneamento, entendida como um direito social, de responsabilidade e garantia do Estado. Nesse sentido, as investidas crescentes do capital no Brasil, com a aprovação da Lei n. 14.026/20, rompem com a política estatal de saneamento adotada pelo governo federal. Assim, afirmamos que a ruptura que ocorre é a do controle do Estado brasileiro sobre o saneamento público.

Nessa esteira, o que houve de continuidade foi a lógica de mercado que, em última análise, significa a conformação de um modelo privado de negócios. Durante sua gestão, os governos neodesenvolvimentistas não propuseram outro modelo econômico, outro tipo de tratamento do Estado para com as empresas privadas. Não se construiu outro modelo alternativo à lógica privatista, de forma que se perpetuou a mesma estrutura de viabilização de lucro do capital. Um exemplo claro que revela essa realidade é o modelo energético brasileiro, que mesmo na gestão dos governos do PT continuou com a mesma política de controle privado sobre o setor de energia. As grandes empresas que dominam a área energética no mundo continuaram exercendo total controle sobre o setor energético brasileiro, arregimentando lucros extraordinários e explorando a população brasileira por meio de aumentos cada vez mais abusivos na tarifa de luz.

Ainda assim, podemos dizer que, em grande medida, os governos petistas resistiram às investidas do capital que visavam mudar o marco regulatório e privatizar os diversos setores e espaços públicos. Além do saneamento, outros exemplos emblemáticos ajudam a evidenciar o que estamos afirmando, como a gestão sobre as florestas amazônicas, durante a qual a grande maioria permaneceu sob a responsabilidade do Estado. Na atual conjuntura, a agenda de privatizações das florestas brasileiras está colocada, por meio do Projeto de Lei n. 5518/2020, visando mudar a legislação das florestas em benefício do capital e objetivando transformar a Amazônia em um ambiente mundial de negócios na área da bioeconomia.

Assim, uma das primeiras ações do governo golpista de Michel Temer[2] foi o lançamento de um pacote de privatização, incluindo 14 companhias estaduais de saneamento como parte do Programa de Parcerias e Investimentos (PPI), que previa a concessão de mais de 50 bens públicos, em parceria com o BNDES. Com esta medida, o governo central passou a obrigar os governadores dos estados a aderirem ao Programa; em contrapartida, receberiam ajuda financeira da União, bem como a realização de um estudo chamado "Diagnóstico Saneamento", desenvolvido pela Casa Civil, que teve como propósito elaborar as principais medidas a serem tomadas para adequar o setor de saneamento ao programa de privatização em curso.

A política de legislação sobre a água no Brasil sofreu várias alterações e mudanças desde o Código das Águas (n. 24.643) de 1934, do governo de Getúlio Vargas (Brasil, 1934). No atual momento, a lei concebe a água como um recurso natural, limitado, de domínio público, dotado de valor econômico. Porém esse entendimento é um conceito ainda em disputa.

Há diferentes concepções sobre a água que permeiam as disputas e conflitos existentes. Os povos, que historicamente lutam pela garantia do acesso à água, compreendem-na como

---

[2] Momento de tramitação do processo de *impeachment*, que antecedeu a consumação do golpe civil-midiático-parlamentar de 30 de agosto de 2016.

um direito humano, dentro de uma concepção universal que define a água como um bem comum que deve beneficiar a todos. Para o capitalismo, a água é um valor econômico, em todos os seus usos competitivos, isto é, "uma necessidade do mercado" (Barlow e Clarke, 2003). O surgimento dessa concepção sobre a água tem como marco a Declaração do Documento de Dublin sobre Água e Desenvolvimento Sustentável, apresentada durante a Conferência Internacional sobre Água e Meio Ambiente (ICWE), em Dublin, no dia 31 de janeiro de 1992, que é caracterizada como o primeiro documento que trouxe os elementos no sentido de estabelecer a água como mercadoria. A declaração foi apresentada da seguinte forma:

> A água tem valor econômico em todos os seus usos competitivos e deve ser reconhecida como bem econômico. [...] O erro no passado de não reconhecer o valor econômico da água tem levado ao desperdício e usos nocivos deste recurso para o meio ambiente. A gestão da água como bem econômico é uma forma importante para chegar ao uso eficaz e equitativo, e para incentivar a conservação e proteção dos recursos hídricos. (Declaração de Dublin sobre Água e Desenvolvimento Sustentável, 1992, p. 2)

Esse entendimento sobre a água é usado continuamente pelos setores econômicos e pelos Estados-nações em legislações, programas e políticas nacionais relacionadas à água (Ferreira, 2008). No Brasil, isso foi incorporado a partir da promulgação da Lei n. 9.433/97, que instituiu a Política Nacional de Recursos Hídricos (conhecida como a Lei das Águas) e no escopo do Projeto de Lei n. 495/17, que cria mercados de água no Brasil, como justificativa para que sejam estabelecidas negociações sobre os direitos de uso da água de bacias hidrográficas.

As empresas se agrupam em torno desses fóruns para se firmar, a partir destas declarações, e tornar a água cada vez mais um bem de valor econômico. Também se empenham em fazer alianças com organizações internacionais, como a ONU, países e as empresas multinacionais, como a Suez, na iniciativa de criar o Conselho Mundial da Água (CMA) e o da Parceria Global da Água (GWP) em 1996 (Ferreira, 2008). Desde os anos 1970, as empresas Suez e Veolia começaram a explorar parte dos serviços de água na França; com isso, expandiram-se e hoje controlam cerca de 70% dos serviços de distribuição da água no mundo, sendo conhecidas mundialmente como as duas maiores controladoras da água no mundo. O Conselho Mundial da Água, criado nos anos 1990, é responsável por realizar a cada três anos o Fórum Mundial da Água (conhecido como "Fórum das Corporações"), um evento mundial que reúne as principais corporações multinacionais, autoridades políticas, governantes de diversos países, profissionais e o conjunto de especuladores financeiros com o objetivo de difundir e firmar acordos em relação à privatização e à gestão da água no mundo (Flores, 2009). A última edição do Fórum Mundial da Água ocorreu no ano de 2018, em Brasília. Com o tema "Compartilhando Água", o evento contou com o apoio do Ministério do Meio Ambiente (MMA), representado pela ANA, e do governo do Distrito Federal, representado pela Agência Reguladora de Águas, Energia e Saneamento Básico do Distrito Federal (Adasa).

O governo do Distrito Federal por meio da Adasa liberou 35 milhões de euros e, em âmbito nacional, o governo golpista de Michel Temer destinou, na época, mais de 22 milhões de euros de patrocínio para a realização do Fórum. Entre as empresas participantes e patrocinadoras estão: Ambev, Banco Mundial, BID, BNDES, BRK Ambiental, Itaipu, Cedae, Sabesp, Caesb, Copasa, Coca-Cola, EBC, Fundação Renova, Suez, Group, Nestlé, FAO, Consórcio PCJ. O 8º Fórum Mundial da Água é organizado pelo Conselho Mundial da Água (WWC) e no

Brasil conta com total apoio do Ministério do Meio Ambiente (MMA), representado pela ANA, e do Governo do Distrito Federal, representado pela Agência Reguladora de Águas, Energia e Saneamento Básico do Distrito Federal (Adasa), que liberou 35 milhões de euros. A Associação Brasileira da Infraestrutura e Indústrias de Base (Abdib) é integrante do Comitê Organizador Nacional (CON). No total, foram gastos mais de 100 milhões de euros para a realização desse Fórum. Mais da metade deste valor é dinheiro público.

Paralelo ao Fórum das Corporações, a sociedade civil organizada em movimentos populares, como o Movimento dos Atingidos por Barragens (MAB), a Federação Nacional dos Urbanitários (FNU), a Comissão Pastoral da Terra (CPT), a Central Única dos Trabalhadores (CUT), o Movimento dos Trabalhadores Rurais sem Terra (MST), a Coordenação Nacional de Articulação das Comunidades Negras Rurais Quilombolas (Conaq), ambientais, estudantis, sindicatos e ONGs realizaram o Fórum Alternativo Mundial da Água (Fama). De 17 a 22 de março, de 2018, reuniu 7 mil pessoas de todas as regiões do país, vindas de 36 organizações populares, também na cidade de Brasília, como forma de se contrapor ao Fórum das Corporações. O Fama teve como objetivo debater e mobilizar a sociedade em torno da defesa da água como um direito e não como mercadoria. Para a coordenação do evento, a água não pode ter controladores privados e não pode ser privatizada, assim como fizeram e continuam fazendo com outros serviços públicos. A água é um bem público e deve ter o seu acesso garantido a todas as pessoas e não ser tratada como mercadoria. Em carta final (2018), publicada e assinada pelas organizações que integraram o Fórum Alternativo Mundial da Água, afirmam que "a água é vida, é saúde, é alimento, é território, é direito humano, é um bem comum sagrado".

No transcorrer da carta, as organizações populares do Fama denunciam que:

> O resultado desejado pelas corporações é a invasão, apropriação e o controle político e econômico dos territórios, das nascentes, rios e reservatórios, para atender aos interesses do agronegócio, hidronegócio, indústria extrativa, mineração, especulação imobiliária e geração de energia hidroelétrica. O mercado de bebida e outros setores querem o controle dos aquíferos. As corporações querem também o controle de toda a indústria de abastecimento de água e esgotamento sanitário para impor seu modelo de mercado e gerar lucros ao sistema financeiro, transformando direito historicamente conquistado pelo povo em mercadoria. Querem ainda se apropriar de todos os mananciais do Brasil, América Latina e dos demais continentes para gerar valor e transferir riquezas de nossos territórios ao sistema financeiro, viabilizando o mercado mundial da água. Denunciamos as transnacionais Nestlé, Coca-Cola, Ambev, Suez, Veolia, Brookfield (BRK Ambiental), Dow AgroSciences, Monsanto, Bayer, Yara, os organismos financeiros multilaterais, como o Banco Mundial e o Fundo Monetário Internacional, e ONGs ambientalistas de mercado, como The Nature Conservancy e Conservation International, entre outras que expressam o caráter do 'Fórum das Corporações'. Denunciamos o crime cometido pela Samarco, Vale e BHP Billiton, que contaminou com sua lama tóxica o rio Doce, assassinando uma bacia hidrográfica inteira, matando inúmeras pessoas, e até hoje seu crime segue impune. Denunciamos o recente crime praticado pela norueguesa Hydro Alunorte que despejou milhares de toneladas de resíduos da mineração através de canais clandestinos no coração da Amazônia e o assassinato do líder comunitário Sergio Almeida Nascimento que denunciava seus crimes. Exemplos como esses têm se reproduzido por todo o mundo. (Declaração Final do Fama, 2018)

Ainda na carta de declaração final, as organizações chamam a atenção para o fato de que, quando as grandes corporações avançam sobre as bases naturais, parcelas da sociedade são mais atingidas que outras:

Os povos têm sido as vítimas desse avanço do projeto das corporações. As mulheres, povos originários, povos e comunidades tradicionais, populações negras, migrantes e refugiados, agricultores familiares e camponeses e as comunidades periféricas urbanas têm sofrido diretamente os ataques do capital e as consequências sociais, ambientais e culturais de sua ação. Nos territórios e locais onde houve e/ou existem planos de privatização, aprofundam-se as desigualdades, o racismo, a violência sexual e sobrecarga de trabalho para as mulheres, a criminalização, assassinatos, ameaças e perseguição a lideranças, demissões em massa, precarização do trabalho, retirada e violação de direitos, redução salarial, aumento da exploração, brutal restrição do acesso à água e serviços públicos, redução na qualidade dos serviços prestados à população, ausência de controle social, aumentos abusivos nas tarifas, corrupção, desmatamento, contaminação e envenenamento das águas, destruição das nascentes e rios e ataques violentos aos povos e seus territórios, em especial às populações que resistem às regras impostas pelo capital. (Declaração Final do Fama, 2018)

Neste mesmo viés, torna-se verdadeiro afirmar que na luta em defesa da água as mulheres ocupam um papel central.

Nesse celeiro de lutas, as mulheres ocupam um papel fundamental. Primeiro, porque são sujeitas dessa luta em defesa da água para vida. Historicamente foram guardiãs das águas e da natureza. Além disso, são as mulheres as que melhor compreendem essa luta porque historicamente foram destinadas a realizar as tarefas domésticas do cuidado, higiene e saúde, sobretudo, no espaço privado, assim, são as que mais lidam com a água. Elas lidam com a água o tempo todo. Portanto, na medida em que o acesso à água começa a ser negado, que começa a ser restrito e privatizado, no momento em que a conta de água passa a aumentar, a vida das mulheres é impactada. As suas dinâmicas de vida são alteradas e, no mínimo, o seu tempo de trabalho aumenta. As mulheres são as que primeiro sofrerão as consequências porque, entre outras questões, são as primeiras que enxergam os limites e as dificuldades que surgem na vida doméstica com a falta de acesso à água. São as

> mulheres que irão se preocupar primeiro com o aumento na conta de água e esgoto, elas que pensarão em colocar em práticas formas de economia da água em casa, utilizando menos água no dia a dia e em troca disso terão mais trabalho. São elas as mulheres que, logo de imediato, passarão a trabalhar mais para driblar o aumento no custo de vida e garantir o sustento da família. (Calisto, 2020, p. 2)

Em 2010, a ONU declarou que a água limpa e segura e o saneamento um direito humano essencial para gozar plenamente a vida e todos os outros direitos humanos. O direito à água potável e ao saneamento básico está intrinsecamente ligado aos direitos à vida, à saúde, à alimentação e à habitação (ONU, 2010).

Historicamente, o controle da água esteve associado ao poder. "Controlar a água é controlar a vida pela sede e pela fome" (Silva, 2017). No passado, as oligarquias locais controlavam a água por meio do domínio da terra e do coronelismo como uma forma de poder. Atualmente, o cercamento da água é promovido por corporações mundiais que buscam transformá-la em propriedade privada. Fazendo uma relação com o domínio da terra, Marx (1985-6, p. 124) afirmou: "A propriedade fundiária pressupõe que certas pessoas têm o monopólio de dispor de determinadas porções do globo terrestre como esferas exclusivas de sua vontade privada, com exclusão de todas as outras".

A água deve ser concebida e entendida como um fator intrinsecamente ligado à vida; o indicador de que o corpo humano é 65% constituído de água deveria ser uma premissa para esta ser instituída como um direito pleno, universal e inegociável.

Elementos ideológicos

Segundo Harvey (2016), é salutar perceber que as crises modificam não só a paisagem física, mas provocam mudanças profundas no modo de pensar e entender, nas instituições e ideologias dominantes, nas subjetividades políticas, nas tecnologias e formas organizacionais, e em todos os aspectos que permeiam a nossa vida cotidiana.

Neste sentido, a economia, a política e a cultura estão articuladas de maneira estrutural. Ferreira (2008) afirma que a ideologia ambiental, principalmente no que se refere à água, segue a lógica do capital e serve para difundir uma ideia e, consequentemente, consolidar uma política.

Assim, a construção da hegemonia acontece a partir do uso de argumentos consensuais e da propaganda, que aparecem sob a forma de "ideias coerentes, simples e aparentemente verdadeiras". Essas ideias não se baseiam no falseamento, e sim no ocultamento das reais intenções às quais são submetidas (Ferreira, 2008).

Com base na literatura, o discurso da escassez é um dos principais meios que possibilitam a construção do consenso sobre a privatização da água. Afinal, são inúmeras reportagens sobre escassez, conservação, preservação, crise hídrica, gestão, gerenciamento de riscos, desastres naturais, contaminação da água, doenças veiculares, universalização do saneamento e uso racional dos recursos hídricos, isto é, problemas da humanidade que passam a ser associados à ideia de dinheiro, privatização, gestão empresarial e de mercado. Petrella destaca que sem essa concepção não teria sido possível implantar as ideias privatistas no âmbito da água. Segundo ele, "as razões pelas quais a água levou mais tempo que os outros bens e serviços para seguir essa tendência tem a ver com a irracionalidade e falta de justificativas para a sua transformação em mercadoria e privatização" (Petrella, 2002, p. 77).

Falar em escassez é sempre falar do pouco, do insuficiente, do que falta. Propaga-se a ideia de que todos precisam economizar ao máximo, como se o problema fosse a inexistência de recurso e não a sua distribuição, como se a água fosse usada na mesma proporção dentro das residências, indústrias e na agricultura; reforça-se a concepção de que economia tem a ver somente com racionalidade. Administrar o pouco exige mais eficiência, portanto, a ideia de que a gestão deve ficar com quem sabe administrar e a de que as pessoas só saberão economizar quando tiverem que pagar um preço caro por isso. No caso da água, a burguesia usa a palavra "escassez" para desviar o foco sobre algo que é mais abundante do que propriamente escasso na sociedade (Calisto, 2020). Esse discurso impõe a necessidade da gestão privada, pois na lógica do mercado nem o Estado nem o controle social são capazes de fazê-lo.

Há um pensamento nos meios de comunicação e nos próprios setores do capital de que há um conflito entre a ação do Estado e a ação do capital (Silva, 2017). Essa visão serve para sustentar o discurso de que só existe corrupção no Estado, e que as empresas privadas são sempre corretas e expressam o modelo ideal; mas, conforme este autor, isso é uma falácia. Eliminar certas atribuições do Estado para também eliminar a corrupção é um discurso que tampouco tem sustentabilidade. É usado como instrumento para alargar as oportunidades da privatização e lucro. Todavia, a classe dominante busca tornar universalmente válida a ideia de que o setor privado é que possui total capacidade para gerir os serviços e realizar os investimentos adequados. O argumento moral em torno do tema corrupção é usado na tentativa de pôr em xeque a credibilidade do serviço público, com a afirmação de que o Estado não tem condições de operar os serviços de modo eficaz; então, a única saída é a privatização, e isso nos faz acreditar que as empresas privadas são as que melhor operam os serviços e de forma mais eficiente e responsável.

Para Flores (2009, p. 57), é importante observar que "a hegemonia neoliberal não é uma forma política de dominação separada da sociedade, em que os governantes dominam os governados, mas uma prática que envolve e conta com o consentimento dos dominados". Por que os dominados se permitem serem dominados? Possuem hegemonia aqueles que têm o domínio do poder, da informação, influência, intencionalidade, que têm projeto, e a maioria da sociedade não tem essa intencionalidade, essa argumentação qualificada. A construção da hegemonia não se dá apenas sobre os grupos mais vulneráveis, de uma forma meramente manipulável; ao contrário, o pensamento hegemônico é um dos pilares que estruturam o sistema, portanto, atinge toda a sociedade sob os mais variados níveis e se dá de forma permanente.

A hegemonia do poder econômico está ligada a forças hegemônicas no campo político e cultural, por isso a necessidade de controlar até o conteúdo daquilo que é produzido culturalmente. Há uma cooptação das universidades e do próprio conhecimento científico. Pesquisas, artigos e dissertações são produzidas nas universidades corroborando e legitimando o discurso da escassez, contribuindo para a construção da hegemonia em torno da privatização da água.

Este discurso surge com o triunfo do neoliberalismo, entre os anos 1960 e 1970, conforme explica Ferreira (2008):

> O fim da década de sessenta foi marcado pelo início da crise do sistema capitalista (segundo a queda tendencial da taxa de lucro) nos países ditos desenvolvidos na época, período marcado também por alguns fatos como a crise do petróleo, crise dos EUA em função da desvalorização do dólar, os questionamentos do Terceiro Mundo e, com isso, sua organização frente à ordem econômica vigente. Enfim esses vários aspectos da crise do sistema capitalista fizeram com que os capitalistas reagissem para que uma Nova Ordem Mundial se configu-

rasse. E o ambientalismo, através do desenvolvimento sustentável, foi a saída. Organizações misteriosas surgiram para discutir os problemas da humanidade. (Ferreira, 2008, p. 93)

Essa reconfiguração definida como a Nova Ordem Mundial significou um novo padrão de acumulação capitalista. Uma nova racionalidade econômica e social no mundo. Dardot e Laval (2016) definem o neoliberalismo da seguinte forma:

> O neoliberalismo, antes de ser uma ideologia ou uma política econômica, é em primeiro lugar e fundamentalmente uma racionalidade e, como tal, tende a estruturar e organizar não apenas a ação dos governantes, mas até a própria conduta dos governados. [...] define uma certa norma de vida. Um sistema normativo global, isto é, uma norma de vida e/ou uma racionalidade, que determina a forma de nossa existência, rege as políticas públicas, comanda as relações econômicas mundiais, transforma a sociedade e remodela a subjetividade. Essa norma de vida atua de maneira global em dois sentidos: primeiro, porque age mundialmente, no sentido de que se vale do imediato para todo o mundo e, segundo, não se limita ao aspecto econômico, ao contrário, tende à totalização porque integra todas as dimensões da vida humana. (Dardot e Laval, 2016, p. 17)

Na investida ideológica dos segmentos que representam o capital, o discurso tem aparência de verdade, mas carregam uma certa falsificação na apresentação dos fatos do seu interesse. Um exemplo disso é o discurso do Instituto Escolhas, que foi criado em 2015 e tem como um de seus financiadores o Itaú-Unibanco, o qual também tem sinalizado interesse pela aprovação da lei do mercado da água. Segundo o próprio instituto, a sua criação deve-se ao fato de que:

> Há muita opinião e pouca informação capaz de promover a real integração do desenvolvimento sustentável às políticas públicas e privadas brasileiras. Faltam dados, estatísticas, nú-

meros e custos para o planejamento, sobretudo para enfrentar as escolhas conflituosas que opõem economistas a ambientalistas. Essa carência dificulta a construção de consensos e alimenta a polarização ideológica. (Instituto Escolhas, 2015, p. 1)

A busca do pensamento único no qual se qualifica, até não ter como se opor, parece um dos fins do estudo "Setor Elétrico: como precificar a água em épocas de escassez?" elaborado pelo Instituto Escolhas. Será que é possível eliminar o *trade-off* ou a situação de dilema ou de escolha na economia e na sociedade humana? Na visão do Instituto Escolhas, "somente argumentos qualificados podem superar a polarização dos *trade-offs* da economia e sustentar decisões entre escolhas difíceis, permitindo a construção de soluções efetivas para o desenvolvimento sustentável (Instituto Escolhas, 2015, p. 1).

Para Santos (2017), há dois movimentos nessa paisagem da ideologia: as técnicas de produção, que estão, em certa medida, a serviço de uma ideologia e a produz, e as técnicas de enquadramento que se dão no âmbito de domínio contínuo do espaço e do seu conteúdo. Acontece também mediante os meios de comunicação. Nesse âmbito das técnicas de enquadramento, acontece a cooptação de atores. Estes podem ser instituições e pessoas. Os agentes do capital também convencem pelo diferencial da informação (Bourdieu, 2008). O jornalista que está apresentando a informação nova aos seus telespectadores, de início, já tem a vantagem. O diálogo entre a pessoa que tem um alto nível de informação e outra que não o tem, de certa forma, o sujeito social do ambiente que sofrerá intervenção pelo capital, já sai perdendo nesse diálogo. Na paisagem, considerando as suas formas-conteúdo, existem duas faces: uma reconhecida e uma escondida. A face reconhecida é a face do proprietário, do dominante, do capital, do meio de comunicação, de quem detém o conhecimento, o poder e as formas de mudar o espaço.

A face escondida é composta por aqueles que estão no espaço, fazem parte das operações do capital e do Estado no ambiente, no entanto, não opinam em um âmbito que altere as decisões.

Para Santos (2009), essas operações no espaço só são afirmativas, verdadeiras, do ponto de vista social, se a face escondida se apresentar e se sobrepor à face reconhecida da paisagem. Para isso, é preciso que o pensamento crítico, a ideologia desses grupos seja capaz de se contrapor ao que lhe está sendo imposto pelo agente burguês. O mesmo autor diz ainda que a ideologia é um evento não material. Dependendo da correlação de forças no espaço, esse evento ideológico toma forma geográfica. Isso tanto vale para o evento ideológico do capital quanto, também, para os sujeitos locais do território. Eles também têm sua ideologia, só que para ela se geografar precisa ter uma forma de união, de articulação, de contraposição.

A REESTRUTURAÇÃO DA INDÚSTRIA DE SANEAMENTO DE ACORDO COM OS INTERESSES PRIVADOS

A história do saneamento brasileiro

Segundo a Lei n. 11.445/07, os serviços de saneamento podem ser entendidos como serviços de abastecimento de água, de esgotamento sanitário, de limpeza urbana e de manejo de resíduos sólidos e de drenagem e manejo de águas pluviais urbanas. Para Heller (2018), historicamente, a promoção dos serviços de saneamento se deu de forma desigual e discriminatória no Brasil. No século XIX, os serviços de saneamento, que correspondiam apenas ao abastecimento de água potável, eram destinados somente às elites locais.

Com o crescimento populacional das cidades surge o desenvolvimento da urbanização, a falta do fornecimento de água ou o aumento de doenças oriundas de causas hídricas e, com isso, a necessidade de expansão das ligações e dos cuidados com a saúde. A capacidade de realizar investimentos desse porte estava reduzida a frações das elites locais. Famílias da classe dominante começaram a fundar empresas municipais para realizar obras de saneamento visando lucrar com o negócio da construção civil. A maioria dessas elites fazia parte da oligarquia agrocomercial e cafeeira, constituindo um bloco de poder influente no pacto político de Estado. Gonçalves descreve como se dava essa atuação:

> Com isso, cada elite fomentava as ações sanitárias ou de investimentos em suas regiões dependendo de sua capacidade e força dentro do bloco de poder estabelecido. O que apresentava grandes disparidades em investimentos e setores, caracterizando disparidades regionais fortes no território. Isso, pois, havia uma lacuna de unidade nas ações do Estado em vários temas, o que padecia ao Brasil em vários setores, dando o caráter de arquipélago econômico como mencionado na economia. (Gonçalves, 2017, p. 80)

A ausência de ações integralizadoras também favoreceu a atuação de empresas estrangeiras em obras de saneamento, "sobretudo, britânicas que implementavam obras de infraestrutura, longe de caracterizar uma ação e uma análise mais ampla do saneamento e saúde" (Gonçalves, 2017).

A partir de 1962, inicia-se a criação das companhias estaduais de saneamento. Os serviços começam a ser realizados em caráter estadual, vinculando a conexão econômica e a operacionalização, sendo fortemente sustentado na metodologia dos subsídios cruzados. Esse mecanismo foi adotado com o objetivo de garantir o fornecimento do saneamento em regiões que demandam mais gastos. Desse modo, as áreas economicamente viáveis gerariam excedentes destinados a outras nas quais a arrecadação tarifária era insuficiente para cobrir o custo pleno do serviço (Silva, 1999).

Em 1970, em plena ditadura militar, surge, então, a primeira tentativa de organizar nacionalmente o espaço do saneamento, com a aprovação do Plano Nacional de Saneamento Básico (Planasa). Até então, os serviços de saneamento eram municipalizados. Com o Planasa, passaram a ser definidos incentivos para que os municípios concedessem os serviços às Companhias Estaduais de Saneamento, por meio da garantia de empréstimos do Banco Nacional de Habitação, assim como pela utilização dos subsídios cruzados.

Gonçalves (2017) afirma que o caráter de aprovação do Planasa se deu de forma autoritária e excludente, marcada "pela forma não democrática das decisões", seja em relação ao controle social, seja à concepção limitada e reducionista do saneamento. Identifica-se que as associações que representavam os interesses das empresas privadas mantiveram uma forte influência na concepção e elaboração do Planasa, bem como na forma de financiamento para o setor. Quanto a essa questão, Gonçalves expõe o seguinte:

> Outra associação que protagonizou a operação no saneamento foi a Associação Brasileira de Engenharia Sanitária (Abes), em 1966, agremiando empresários do setor de obras pesadas (Sinicon) e de obras públicas (Apeop). Esta associação tinha um vínculo tão próximo com o setor de saneamento, que seus escritórios eram no mesmo prédio, em 1960, que a Sursan (Superintendência de Saneamento). A associação é surgida no período de grandes demandas de obras no país, as demandas mais complexas especializadas, como é o caso do setor de saneamento [...]. A relação com as associações das empresas de construção e o Estado brasileiro era tão íntima, que a Abes, teve sua sede no prédio do Banco Nacional de Habitação (BNH), durante a década de 1970, citado no site da associação a expansão da entidade. A entidade buscava a formação e criação de quadros de engenheiros sanitaristas com o seu perfil. Instituindo e produzindo uma peia de profissionais a partir de sua concepção de projeto sanitarista. (Gonçalves, 2017, p. 91-92)

Como não havia marcos regulatórios, também não havia delimitação entre o espaço das empresas, entidades de classe e o Estado. Havia uma relação corporativa, quase de promiscuidade entre entidades, empresa e Estado na definição de políticas que primavam pelos interesses privados e não pelo coletivo. Os bancos, em sua maioria, eram presididos por empresários de grandes empreiteiras que tinham total acesso para interferir nas decisões a partir dos seus próprios interesses. Desse modo, os investimentos realizados na área do saneamento seguiram a lógica de expansão dos interesses de banqueiros, empresas empreiteiras, industriais e, sobretudo, das empresas de construção civil.

Entretanto, com o agravamento da crise econômica no final dos anos 1970, ocorreu uma queda significativa das principais fontes de financiamento do Planasa, que eram originadas principalmente do FGTS e dos governos estaduais. Desse modo, o Plano começa a ser inviabilizado, o que é agravado com a extinção do BNH em 1986, tendo em vista que também mudou a metodologia dessa relação entre capital, Estado e entidades de classe. Sem financiamentos e formas institucionais, o governo perde a sua capacidade de formular e regular o setor.

Com o avanço do processo democrático, a pauta do saneamento é novamente colocada no cenário pelos sujeitos populares; no entanto, a Nova Constituição, de 1988, não estabeleceu um novo arranjo institucional para o setor de saneamento.

Entre os anos 1990 e 2000 as políticas neoliberais expandem-se no mundo, e a privatização sobre os serviços de água passa a ser a nova investida do capital. Nesse período, prevalece a indução de programas e leis de incentivo à entrada do capital privado no saneamento brasileiro, como o Programa de Modernização do Setor de Saneamento, financiado pelo Banco Mundial no governo Collor, e a Lei de Concessões. Surgem iniciativas de privatização do saneamento, entretanto, essas propostas são fortemente confrontadas por organizações sociais, sindicatos e movimentos populares. Apesar de não terem sido viabilizados os projetos de privatização, a partir desse período a lógica empresarial passa a ser adotada nos modelos de gestão das empresas públicas de saneamento. Brito e Rezende (2017) definem a política de saneamento como uma política que, de um lado concebe o saneamento como um direito, e de outro como uma lógica neoliberal financeirizada.

Durante o governo de FHC foi dada continuidade às propostas de privatização do saneamento e à venda de ações de parte das companhias estatais de saneamento. Somado a isso, o governo FHC vetou integralmente um projeto de lei aprovado no Congresso que tratava sobre a Política Nacional de Saneamento.

No governo Lula, ampliam-se as possibilidades de inclusão do saneamento na agenda governamental, bem como a participação de diversos segmentos sociais na construção de uma política pública para o setor. Em 2007 é aprovada a Lei n. 11.445 (Lei do Saneamento), e em 2013 o Plano Nacional de Saneamento Básico (Plansab), que representa um novo momento para estabelecer diretrizes nacionais para o saneamento e para sua política federal, estruturando um marco regulatório amplo e abrangente para o setor.

Anos antes, em 2005, também foi promulgada a Lei n. 11.107 (Brasil, 2005), conhecida como a Lei do Consórcio Público, que instituiu a gestão associada de serviços públicos, estabelecendo procedimentos para contratação coletiva de um mesmo prestador por vários titulares (municípios). Criou-se também o "contrato de programa" como alternativa ao contrato de concessão para os convênios de municípios com companhias estaduais. Somando-se a isso, iniciativas como a criação do Ministério das Cidades, do Conselho das Cidades e do Estatuto das Cidades simbolizam uma atuação federal de integração das políticas urbanas e constituem um importante avanço no sentido de construir uma política universalista e democrática para o saneamento.

O Plansab estabeleceu metas de curto, médio e longo prazos para a universalização dos serviços de saneamento básico no Brasil (para 2018, 2023, 2033). Nesse período, começa-se a discutir qual seria o melhor caminho para a universalização dos serviços e a possibilidade de abrir espaço para as empresas privadas é recolocada (Dieese, 2016). Visando a universalização dos serviços, houve a institucionalização do Programa de Aceleração do Crescimento (PAC) 1 e do PAC 2, que elevou o patamar de possibilidades de novos investimentos no setor. Durante os primeiros quatros anos do PAC 1 foram investidos 40 bilhões de reais em saneamento. Só em 2007 foram destinados 10,4 bilhões, mais do que o dobro do ano anterior. Em 2010, o PAC 2 previu investimentos de 45,8 bilhões de reais. A estimativa do Plansab é de um investimento de 15 bilhões por ano até 2033, por meio do PAC, BNDES e outras fontes de financiamento.

Para Britto e Rezende (2017), entre os anos de 2007 e 2014, durante a gestão do PT no governo federal, a política pública de abastecimento de água e esgotamento sanitário no Brasil foi marcada por uma instrumentalização ambígua. Se por um lado reforçava-se a lógica mercantilizadora sobre os serviços de saneamento, por outro, primava-se pela adoção do saneamento como política pública do Estado a partir de um viés social.

Nesse sentido, apesar do período marcado pelos governos neodesenvolvimentistas em nosso país ser caracterizado, em certa medida, como um período de continuidade das políticas neoliberais do grande capital, isto é, de concessões do Estado à iniciativa privada, é importante frisar que, no que diz respeito ao saneamento, priorizou-se muito mais o controle do Estado sobre as Ceebs e os serviços de saneamento. Isso significa que, durante os governos do PT, não esteve na pauta do dia a busca por uma agenda de privatizações no setor de saneamento da forma como vem sendo pautada atualmente no país, desde a implementação do golpe de 2016. Com ele, retomam-se os pacotes de privatização em diversos setores da economia brasileira, sobretudo no saneamento, e as reivindicações do grande capital passam a ser elencadas na agenda de prioridades do governo federal.

Em um contexto do pós-golpe jurídico-parlamentar de 2016, o governo interino adota duas medidas relacionadas ao saneamento. A primeira é a criação do Programa de Parcerias de Investimentos (PPI) por meio da Lei n. 13.334/16, orientando a venda de 14 companhias estaduais de saneamento: Departamento Estadual de Água e Saneamento do Acre (Depasa), Companhia de Água e Esgoto do Amapá (Caesa), Companhia Catarinense de Águas e Saneamento (Casan), Companhia de Saneamento de Alagoas (Casal), Companhia de Água e Esgoto do Ceará (Cagece), Companhia de Saneamento Ambiental do Maranhão (Caema), Companhia de Águas e Esgoto da Paraíba (Cagepa), Companhia Pernambucana de Saneamento (Compesa), Companhia de Águas e Esgoto do Rio Grande do Norte (Caern) e Companhia de Saneamento de Sergipe (Deso), Empresa Baiana de Águas e Saneamento (Embasa), Águas e Esgoto do Piauí S/A (Agepisa), Agência Tocantinense de Saneamento (ATS) e Companhia de Saneamento do Amazonas (Cosama) (Dieese, 2017).

A segunda proposta é a de alteração do marco regulatório do saneamento vigente no país, instituído pela Lei n. 11.445 de 2007. Essa proposta surge com o objetivo de garantir segurança jurídica às empresas privadas e tem como base o estudo denominado "Diagnóstico saneamento", feito pela Casa Civil, em setembro de 2016. Esse documento foi elaborado na oitiva de diversos agentes públicos e privados do setor de saneamento, ocorrida em agosto de 2016. Entre os atores ouvidos pelo governo destacam-se: Associação das Empresas de Saneamento

Básico Estaduais (Aesbe), Associação Brasileira das Concessionárias Privadas de Serviços Públicos de Água e Esgoto (Abcon), Instituto Trata Brasil, Ministério das Cidades, Sabesp, Abes, MMA, ANA, Funasa e BNDES. Entre essas entidades destaca-se o papel da Abcon, que foi criada em 1996, e atualmente é uma entidade composta por empresas privadas, ligadas ao capital internacional, que atuam tanto na prestação quanto na cadeia produtiva do saneamento e têm se colocado como um órgão legítimo de representação dos interesses das empresas privadas de saneamento; e o Instituto Trata Brasil, uma organização da sociedade civil de interesse público (Oscip), criada em 2007 por empresas privadas com interesse no saneamento e na gestão das águas. Entre as empresas associadas estão: Abiquim, Acqualimp, Aegea, Amanco, Bauminas, Braskem, Cab Ambiental, Coca-Cola Brasil, GS Inima Brasil, Itron, Mizumo, Pam Saint Gobain, Solvay Indupa, Tigre e Unilever.

As propostas do documento são voltadas exclusivamente para o estímulo e a garantia da expansão das empresas privadas no setor, dentre as quais podemos destacar: regulação integral do saneamento em âmbito nacional por meio da ANA, programa de parceria com a iniciativa privada, estímulo à ligação das residências às redes de esgoto, a partir da autorização da cobrança de tarifa pela disponibilidade de infraestrutura aos consumidores, e revisão do Plansab a cada dois anos, conforme a metodologia do Plano Decenal de Energia, no qual é proposto o acompanhamento e um ajuste periódico de modo a beneficiar a expansão privada e os seus interesses.

Houve uma ruptura com o modelo de gestão de saneamento que vinha sendo pensado a partir dos governos Lula e Dilma; assim, foi implementado outro modelo, no qual o Estado abre mão do papel de investidor no saneamento e dá espaço para o capital privado. Uma área que carece de investimento do Estado, porque vai gerar condições sanitárias mínimas, está sendo transferida para o capital privado, cujo objetivo não é promover o bem-estar social, e sim arregimentar lucros.

Em julho de 2018, o governo federal enviou para o Congresso Nacional a Medida Provisória (MP) n. 844/2018, com a proposição de mudança do marco regulatório do saneamento. A medida foi amplamente criticada pelos governadores e por inúmeras entidades da sociedade civil, que organizaram lutas, audiências públicas e debates, até que conseguiram vencer o período de vigência da referida MP. Imediatamente, o governo Temer enviou nova MP, de n. 868/2018, para o Congresso, com o mesmo texto, tendo como único diferencial o período de validade e o número; esta, no entanto, foi novamente derrotada. Mais tarde, o governo Bolsonaro reagiu e apresentou o Projeto de Lei (PL) n. 3.261/19 (Câmara dos Deputados, 2019), que foi aprovado e posteriormente arquivado, sendo imediatamente substituído pelo PL 4.162/20, que teve como relator o Senador Tasso Jereissati (PSDB-CE) e que foi aprovado em regime de urgência e de maneira remota, no dia 25 de junho de 2020, com votos favoráveis de mais de 65 senadores. Logo na sequência, a lei foi sancionada com vetos pelo presidente Bolsonaro, tornando-se a Lei n. 14.026/20. Para Heller (2018), a questão é emblemática e contraditória:

> O cenário é bastante preocupante, os argumentos dos senadores são muito frágeis e mostram ou má-fé de alguns ou despreparo de outros. O sofisma é a marca principal da racionalidade dos votos, cuja narrativa expõe a existência de um déficit enorme de saneamento no país, principalmente nas regiões Norte e Nordeste e nas favelas, embora esse seja um diagnóstico do qual ninguém discorda, não há casos na história do Brasil e na contemporaneidade em outros países, em que um quadro dramático como esse foi solucionado via privatização. (Heller, 2018, p. 2)

Parece um contrassenso acreditar que o setor privado resolverá em pouco mais de uma década o problema de saneamento, o que, em séculos, o poder público não conseguiu. E essa não resolução do poder público de questão tão básica às pessoas não se deu também em função de o Estado ser um aparelho que desempenha muito mais o interesse do capital do que o interesse dos cidadãos como um todo, ao longo da história.

Britto (2017) descreve o princípio que carrega o direito da população ao saneamento básico, conforme declaração da ONU de 2010. Segundo ela, todos devem ter direito à água e ao saneamento financeiramente acessível, aceitável e de qualidade, sem qualquer tipo de discriminação. Nesse sentido, se no Brasil, os principais déficits dos serviços de saneamento estão localizados nas periferias das áreas urbanas e em áreas rurais dispersas, o direito humano à água e ao saneamento não está sendo cumprido na sua totalidade. Um outro aspecto importante do direito humano à água, que é central, é que o Plansab obrigaria os estados a eliminarem progressivamente as desigualdades de acesso tanto à água quanto ao esgotamento sanitário, desigualdades entre populações rurais e urbanas, entre assentamentos formais e informais, entre pessoas de diferentes categorias de renda e etnias.

As mudanças no setor de saneamento a partir do novo marco legal n. 14.026/20

A aprovação da recente Lei n. 14.026/20 tem como pano de fundo a viabilização dos negócios no saneamento. Analisado em sua totalidade, o novo marco viabiliza a estruturação de um modelo privado para o setor de saneamento bem parecido com o atual setor elétrico. Em vez de atuar sob diretrizes que garantam o funcionamento dos serviços de distribuição de água e esgotamento sanitário como política pública do Estado, assegurando qualidade e ampla oferta, como querem nos fazer acreditar, o setor passará a ser desenhado segundo um novo modelo de organização que terá como predominante a atuação de empresas privadas regidas pela lucratividade. Desse modo, tenta-se construir um arranjo rentável no modelo de tarifas, na forma de regulação e nos contratos de concessão. Uma das principais características que conformam esse modelo é a proibição dos contratos de programa e a instauração do modelo de concessão como a via única de formalização de contratos. Essa medida inviabiliza o saneamento público e abre todos os espaços existentes de prestação dos serviços de saneamento à iniciativa privada. Com a substituição dos contratos de programa pelos contratos de concessão, há uma quebra na lógica de funcionamento da prestação pública desses serviços.

Hoje a maioria deles funcionam via contratos de programa entre os municípios e a companhia estatal. Os municípios concedem os serviços à empresa estatal que realiza os serviços de distribuição da água, esgotamento sanitário nas residências, entre outros, com base na metodologia de subsídios cruzados. Por meio dos contratos de programa, a estatal concentra a grande maioria dos municípios. A arrecadação das regiões superavitárias cobre os déficits das regiões mais onerosas, garantindo a abrangência dos serviços em diversas regiões. Esse modelo de contrato de programa foi desenvolvido no bojo da elaboração do Plano Nacional de Saneamento Básico como um instrumento propício à política pública de saneamento. A Lei n. 11.105/05 assegurava que os contratos de programa deviam ser celebrados somente entre entes da administração direta ou indireta (órgão público, autarquia, empresa pública ou sociedade de economia mista) e poderiam ser firmados sem a necessidade de abrir licitações, favorecendo a prestação pública do saneamento. Esse modelo de gestão vem sendo desenvolvido há anos no Brasil e é um arranjo que funciona bem, visto que garante a cobertura de grande parte dos serviços de saneamento no país. Em vista disso, questiona-se: se é um arranjo que funciona bem, por que está sendo desmontado?

Na nova lei, a única forma de continuidade da prestação pública do serviço de saneamento referia-se ao artigo 16, que possibilitava a renovação dos contratos de programa em vigor, desde que comprovada a sua capacidade técnica e viabilidade financeira para alcançar as metas de universalização até o ano de 2033; no entanto, esse artigo foi vetado pelo presidente Bolsonaro. Agora, o Congresso Nacional é quem decidirá pela permanência ou anulação dos vetos do artigo 16. A votação dessa matéria vem sendo adiada há alguns meses, o que demonstra uma tentativa de obstrução da matéria por parte da grande maioria dos parlamentares. Com a não renovação dos contratos de programa, as estatais perderão a operacionalização dos serviços e será aberto espaço para ocorrer licitações em quaisquer municípios. O interesse do capital não é comprar as empresas públicas que fazem gestão desse serviço, mas retirá-las, por meio de medidas legais – conforme já está sendo feito –, e ocupar esse espaço, transformando esse ambiente em negocial, com vistas a se concretizar em ações lucrativas. Nesse sentido, as empresas públicas que antes coordenavam toda a cadeia produtiva do saneamento, desde a produção e captação de água até a distribuição dos serviços nas residências, ficarão apenas com uma parte bem reduzida do setor, como a captação e o tratamento de água e/ou a distribuição dos serviços somente nas áreas rurais. Esse modelo retira o controle do Estado e fraciona a cadeia produtiva em vários negócios.

Em suma, os vetos aplicados no artigo 16 da recente Lei n. 14.026/20 antecipam o fim do saneamento público. Como justificativa para a realização do veto n. 8, *caput* do artigo 16, que possibilitava a renovação dos contratos de programa vigentes no país, o governo federal declarou:

> A propositura legislativa, ao reconhecer os contratos de programa, situações não formalizadas de prestação de serviços públicos de saneamento básico por empresa pública ou sociedade de economia mista, bem como possibilitar a prorrogação por 30 anos das atuais avenças, prolonga de forma demasiada a situação atual, de forma a postergar soluções para os impactos ambientais e de saúde pública decorrentes da falta de saneamento básico e da gestão inadequada da limpeza urbana e do manejo de resíduos sólidos. Ademais, a proposta, além de limitar a livre iniciativa e a livre concorrência, está em descompasso com os objetivos do novo marco legal do saneamento básico que orienta a celebração de contratos de concessão, mediante prévia licitação, estimulando a competitividade da prestação desses serviços com eficiência e eficácia, o que por sua vez contribui para melhores resultados. (Casa Civil, 2020)

Tem-se, então, a competitividade do sistema ocupando lugar privilegiado nesse ambiente de privatização do saneamento no Brasil. Todavia, não são consideradas as especificidades dos municípios que pela situação socioeconômica continuariam com a necessidade do setor público nessa operação. Essa ênfase atribuída à competitividade no saneamento retira o sistema de subsídio cruzado, estabelecendo única e exclusivamente a concessão que considera a suposta autossustentação pelo modelo tarifário. A mudança de um modelo para outro, como já foi afirmado, poderá trazer mais dificuldades do que benefícios, conforme o próprio Plansab:

> O modelo tarifário predominante no Brasil tem como uma das principais características a prática do subsídio cruzado, utilizado, sobretudo, pelas companhias estaduais de saneamento. Ocorre que, com a abertura de capital de muitas dessas empresas ao mercado de ações, os lucros obtidos por

elas acabam, em alguns casos, por ser distribuídos a acionistas privados na forma de dividendos. Assim, a parcela que é contabilizada como resultado das empresas deixa de ser utilizada para custear investimentos em municípios e populações mais carentes. (Cidades, 2013, p. 103)

A maneira como o marco foi aprovado favorece a expansão das empresas privadas nas áreas e municípios mais atrativos, onde a arrecadação é superavitária. Por outro lado, as regiões deficitárias continuarão com as empresas públicas. Sem o superávit dos municípios maiores, como a estatal fará seu equilíbrio financeiro para garantir o funcionamento dos serviços nas regiões pobres e nas zonas mais distantes? Evidentemente, essa situação causará uma explosão nas tarifas nos municípios e localidades periféricas, aquelas regiões deficitárias que permanecerão com as estatais, porque nenhuma empresa privada terá interesse. Assim, para viabilizar a sua "autossustentação", obrigatoriamente as tarifas terão que sofrer grandes aumentos. Como resultado, a periferia será obrigada a pagar as tarifas mais altas.

Uma outra característica é a mudança no regime regulatório, tanto do ponto de vista da regulação quanto do financiamento do setor. A nova lei determina que a ANA passe a ser a nova Agência Reguladora Nacional do Saneamento Básico. Até então, seu papel estava delimitado à gestão dos recursos hídricos do país. Com a nova lei, a função da agência se amplia. Caberá à ANA centralizar e fiscalizar as 50 agências reguladoras municipais e regionais de saneamento existentes no país. Esse novo modelo de regulação com centralização em uma Agência Nacional é conhecido no Brasil. Há alguns anos esse formato vem sendo aplicado em diversos setores da infraestrutura, como eletricidade, mineração, petróleo. Neles, a agência reguladora atua como um agente terceiro, com decisão autônoma do ponto de vista político e financeiro, de maneira independente, sem a interferência do Estado. Segundo o MAB (2015), a criação de agências reguladoras em um ambiente de privatização, no qual o Estado é retirado do controle do setor, tem como objetivo exclusivo garantir autonomia às empresas privadas. Assim se pronuncia o MAB:

> Com a privatização do setor elétrico, para dar mais autonomia às empresas privadas, foram criadas agências para 'regular' o setor. Assim surgiu a Agência Nacional de Energia Elétrica (Aneel), agência reguladora de finalidade e comportamento questionáveis, que define o aumento dos preços das tarifas. Também foram criados outros órgãos como Operador Nacional do Sistema Elétrico (ONS) e a Empresa de Pesquisa Energética (EPE). Através desses órgãos, há uma tentativa de despolitizar o debate da energia, como se fossem questões 'técnicas e neutras', retirando qualquer possibilidade de participação popular, do Poder Executivo e do Legislativo de fiscalizar o serviço público. (MAB, 2015, p. 18)

Esse mesmo formato tende a ser adotado no saneamento a partir da atribuição dada à Agência Nacional de Águas, conforme declara o próprio BTG Pactual (2017), um dos responsáveis pela nova modelagem do setor:

> O problema com a regulação regional é o conflito de interesses gerado pelo fato de que as tarifas locais são definidas pelos governos locais. O melhor modelo é aquele em que as tarifas são reguladas por um terceiro, que não se beneficia nem sofre as implicações políticas de aumentar (ou cortar) as tarifas muito mais do que a inflação (quando necessário). Nos últimos dois anos, as tarifas das concessionárias de energia dispararam. Houve algum barulho político quando isso estava acontecendo, mas a Aneel fez o que tinha que ser feito. Como resultado, os distribuidores de energia se sentem confortáveis em investir o quanto for necessário, pois sabem que esses esforços serão devidamente reconhecidos. (BTG Pactual, 2017, p. 10)

Esse papel de agente regulador nacional autônomo parte do pressuposto de que as agências regionais ou de caráter municipal são ineficazes e de que a intervenção do Estado pode ser um fator de risco para o mercado. Assim, por trás da ideia de fiscalização, o papel que a agência nacional assume é muito mais o de atender aos interesses do mercado do que o de atuar em benefício dos usuários.

Como agência reguladora, a ANA terá a função de definir normas de referência para o setor, como a regulação para a tarifa do saneamento, que estará referenciada em metodologia diferente dos subsídios cruzados, ou seja, será baseada na tarifa autossustentada e cada lugar sustentará a sua própria tarifa. Conforme explica Gonçalves (2017), na lógica privatista, é a tarifa que remunera o investimento, garantindo de forma contínua o equilíbrio dos negócios das empresas. O autor explica que este é o modelo que predomina no mercado, e que essa metodologia de preço teto (*price cap*) é a que as empresas mais defendem, porque pode simular, inclusive, características que se aproximam das condições de competição perfeita do mercado. O artigo 29 da Lei n. 14.026/20 do novo marco regulatório do saneamento traz:

> Os serviços públicos de saneamento básico terão a sustentabilidade econômico-financeira assegurada por meio de remuneração pela cobrança dos serviços, e, quando necessário, por outras formas adicionais, como subsídios ou subvenções, vedada a cobrança em duplicidade de custos administrativos ou gerenciais a serem pagos pelo usuário, nos seguintes serviços:
> I - de abastecimento de água e esgotamento sanitário, na forma de taxas, tarifas e outros preços públicos, que poderão ser estabelecidos para cada um dos serviços ou para ambos, conjuntamente;
> II - de limpeza urbana e manejo de resíduos sólidos, na forma de taxas, tarifas e outros preços públicos, conforme o regime de prestação do serviço ou das suas atividades; e

III - de drenagem e manejo de águas pluviais urbanas, na forma de tributos, inclusive taxas, ou tarifas e outros preços públicos, em conformidade com o regime de prestação do serviço ou das suas atividades. (Lei Federal n. 14.026)

A lei garante que a tarifa será uma das fontes de financiamento do setor de saneamento, assim como outros subsídios, como empréstimos advindos do BNDES. Essa modalidade de financiamento a partir da tarifa consta nos parâmetros orientados pelo estudo do Banco Mundial (2018):

> Em um ambiente de sérias restrições fiscais e baixa capacidade de investimentos dos governos, as tarifas são as principais fontes de financiamento e de garantias para operações de crédito e de acesso ao mercado de capitais. Embora hoje elas sejam responsáveis por cerca de 80% do investimento total realizado (55% investimento em capital próprio e 25% financiamentos), são insuficientes para permitir o aumento dos investimentos necessários. Mais ainda, embora sejam os mais essenciais dos serviços públicos domiciliares, as tarifas de água e esgotos são as mais baixas quando comparadas com gastos de energia e comunicações. Ao mesmo tempo, elas pesam mais no bolso dos mais pobres. Assim, para garantirem a inclusão, a resiliência e a eficiência, e gerarem capacidade de financiamento, as tarifas precisam ser revistas, com aprimoramentos e ampliação das tarifas sociais (focalização) e preços realistas e coerentes com os objetivos do setor para os usuários não pobres. (Banco Mundial, 2018, p. 3)

Nesse sentido, os investimentos necessários previstos para atingir as metas de saneamento universal, em torno de 700 bilhões de reais nos próximos 15 anos, serão pagos com dinheiro do povo. Assim como outros setores de infraestrutura, grande parte dos financiamentos são obtidos por meio de créditos que também poderiam financiar as iniciativas públicas, como os financiamentos disponibilizados pelo BNDES. Já o retorno desses investimentos, que agora passam a operar na lógica do lucro, sairão do bolso de milhões de trabalhadores por meio da tarifa, pois é assim que funciona o regime tarifário em um modelo privado.

A adoção de tarifas segundo a lógica do mercado é assegurada pela Lei n. 8.631 (Brasil, 1993), desde o ano de 1993, aprovada às vésperas da privatização das distribuidoras de energia elétrica. Segundo ela, os valores fixados na tarifa deveriam corresponder a todos os custos do serviço de cada distribuidora. Esse tipo de tarifa, conhecida como preço teto, é baseada no estabelecimento de um preço teto máximo para a tarifa que vai sendo reajustada e revisada periodicamente, com base em parâmetros internacionais utilizados por agências reguladoras (Cervinski, 2019). Quanto à origem desse modelo tarifário no mundo, o autor explica:

> O regime tarifário de preço teto foi criado na década de 80 para substituir o regime de custo de serviço. Essa metodologia começou a ser usada na Inglaterra e nos EUA e posteriormente foi utilizada como referência pelo Banco Mundial, instituição financeira que manifestava intensa crítica ao modelo de custo de serviço sob o pretexto de que este modelo não induzia as empresas a alcançarem eficiência. (Cervinski, 2019, p. 34)

O artigo 35 da Lei n. 9.074/1995 (Brasil, 1995) afirma que essa estrutura tarifária deve assegurar e preservar os mecanismos de revisões e reajustes nas tarifas, o equilíbrio econômico-financeiro do contrato. Baseando-se nisso, no contrato de subconcessão dos serviços de Teresina, a Aegea Saneamento e Participações afirma que:

> É condição fundamental para o equilíbrio econômico-financeiro do contrato a implementação de um escalonamento tarifário referente aos serviços de esgotamento sanitário nos percentuais, forma e prazos no anexo IV do Edital. Na hipótese de não implementação do escalonamento tarifário, a con-

tratada fica imediatamente desobrigada do atingimento das metas contratuais. (Governo do Estado do Piauí, 2017, p. 36)

Nessas experiências de privatização, o escalonamento tarifário é o aspecto mais vantajoso para as empresas, visto que, não havendo as revisões e reajustes nas tarifas, a empresa ficará desobrigada de cumprir as metas contratuais.

Segundo um estudo publicado em outubro de 2019 pela Associação Nacional de Serviços Municipais de Saneamento (Assemae), as dez tarifas de saneamento mais caras do Brasil estão sob o controle de empresas privadas, e é essa lógica de regulação tarifária que se pretende implementar a partir da adoção do novo marco regulatório. Essa situação revela que após a transferência do serviço de saneamento ao controle privado, mesmo que as áreas sejam de localidades centrais e não periféricas, o resultado é a explosão nas tarifas finais dos consumidores. Assim, se nas regiões privatizadas, de municípios com maior e melhor receita para se "autossustentarem", as tarifas se tornaram mais elevadas, nas regiões periféricas terão que ser ainda mais altas do que nessas localidades. O fato é que a privatização causará carestia geral nas tarifas finais a todos os consumidores de todas as regiões do país. Essa é a real consequência da Lei n. 14.026/2020. De acordo com ela, novas cobranças serão inseridas na tarifa de água, como limpeza urbana, resíduos sólidos, drenagem e esgotamento sanitário.

Esses serviços são um campo potencial de exploração e de transformação de novos negócios para as empresas. Um fato que poderá ocorrer a partir da padronização da tarifa de saneamento é que as empresas poderão adiantar a cobrança da população, sob a lógica da universalização, sem que as pessoas tenham recebido o serviço completo de saneamento básico. A exemplo do que ocorre na subconcessão dos serviços de saneamento de

Teresina, onde a maioria da população não tem esgotamento sanitário, mas já se está pagando a tarifa, como se tivesse acesso ao serviço. Todas essas novas tarifas serão aplicadas na conta de água do povo brasileiro, o que poderá significar grandes *tarifaços* em poucos anos, como ocorre hoje na conta de luz e nas experiências de privatização da água de alguns estados, como em Tocantins.

Outro aspecto é que a nova lei define que até 2033 deverá ocorrer a universalização do acesso e distribuição de água em 99% das residências brasileiras e do esgotamento sanitário, em 92% delas; além disso, demarca prazos para o fim dos lixões no país.

Um dos argumentos de consenso que é colocado pela imprensa e pelo próprio capital é de que o Estado é ineficiente nesse serviço e o capital deve entrar para fazer a cobertura universal do serviço. Na situação com a gestão do poder público, muitas famílias não têm saneamento básico, porém pagam por isso e colecionam o adoecimento, a falta de higiene no ambiente e a situação de vida insalubre. Entretanto, quando entra o capital para fazer a gestão desse serviço, se ele passar a cobrar adiantamento das famílias que ainda não têm o serviço completo, em função do cumprimento de metas a longo prazo, elas continuarão pagando duas contas: a do adoecimento pelo não serviço completo e a do serviço que elas ainda não têm. Nesse sentido, a situação piora. Sem contar que as novas tarifas mais caras retiram parte importante da renda dos trabalhadores. Na prática, é um rebaixamento do salário e renda das massas trabalhadoras para aumentar o lucro dos "donos do saneamento" sem que isso signifique melhores condições de serviço.

Assim, o usuário é forçado a dar um adiantamento à empresa em função de uma suposta meta ou de um suposto cumprimento de meta de longo prazo. Quanto o usuário pagará durante esse período todo sem ter recebido o serviço completo de saneamento básico? Uma das justificativas da privatização é que o Estado não é eficiente e que abriga a corrupção do recurso público; mas se o capital privado entra nessa área para fazer essa gestão do serviço, o que justifica universalizar a cobrança sem universalizar o serviço? E como fica a eficiência? Na prática, é uma forma de corrupção legalizada?

Já que o capital assumiu um serviço de extrema importância para a vida das pessoas e estabelecerá essa tarifa autossustentada, as empresas deveriam se organizar para cumprir as metas e a partir disso cobrar pelo que foi instalado e não pelo que ainda será instalado, beneficiando-se assim da previsão de metas, para estabelecer os custos e repassá-los imediatamente para as tarifas.

O problema é ainda mais grave. Ao pagar o serviço antecipadamente, em vários anos, a população transfere de antemão um volume de recursos financeiros aos agentes empresariais, que utilizam esse dinheiro para aplicar no sistema financeiro e lucrar muito, recebendo juros com o dinheiro dos outros. Mas o problema não para por aí. De posse do dinheiro adiantado pela população para fazer o investimento em saneamento, as empresas privadas usam esse saldo como se fosse "capital próprio" para emprestar e endividar a sua própria empresa de saneamento em troca de altas taxas de juros. Como mencionado anteriormente, o setor prevê a necessidade de investimentos na ordem de 700 bilhões de reais para a universalização, sendo que cerca de 80% serão compostos de dívidas formadas por meio desse mecanismo. Todo esse volume de juros mais o investimento será integralmente transferido em forma de aumentos nas contas de água para a população pagar por meio da tarifa final. Ou seja, o povo pagou antecipadamente, e como resultado será obrigado a seguir pagando mais juros ao longo dos trinta anos de concessão que a empresa privada recebeu. Esse é o *modus operandi* do capital financeiro. Quem vai pagar essa conta?

No Brasil, segundo dados de 2018 do Sistema Nacional de Informações sobre Saneamento (SNIS, 2019), cerca de 83,6% dos domicílios brasileiros possui rede de abastecimento de água e 53,2% possui rede geral ou fossa séptica ligada à rede de esgotamento sanitário. Fazendo um cálculo, significa que são 189.601.117 brasileiros com rede geral como principal forma de abastecimento de água, e 22.154.575 sem a rede. Quanto aos domicílios com esgotamento sanitário, o número é de 151.459.138 de habitantes com esgotamento sanitário e 60.296.554 sem. Em relação aos serviços de limpeza urbana, ainda segundo dados do SNIS de 2018 (SNIS, 2019), atualmente, 92,1% dos domicílios brasileiros são atendidos pela coleta domiciliar, correspondendo a 190 milhões de brasileiros em 3.468 municípios. Apenas 1.629 municípios estabelecem cobrança pela coleta do lixo e, destes, somente 38% possui coleta seletiva; quanto aos serviços de lixo, são prestados exclusivamente pelas prefeituras em 88% dos municípios, por prefeituras e empresas privadas em 11%, e exclusivamente por empresas contratadas em aproximadamente 1% dos municípios. As empresas privadas concentram sua atuação nos grandes e médios municípios, especialmente nos serviços de coleta. Resultado: 45 empresas são responsáveis pela coleta de 30% do lixo gerado no país.

Em termos regionais, são as regiões Norte e Nordeste do Brasil que apresentam os maiores déficits na cobertura desses serviços. Na região Nordeste, 74% da população tem acesso à rede de água potável, enquanto apenas 28% à rede de esgotamento sanitário. Na região Norte, somente 57% dos domicílios recebem água potável em suas residências, e destes apenas 10% têm acesso a redes de esgoto (SNIS, 2019).

Como sabemos, os serviços públicos de saneamento são fundamentais para a garantia da saúde e o bem-estar da população. Sua ausência causa efeitos perversos à saúde, como a proliferação de doenças infectocontagiosas (dengue, malária, diarreia, cólera etc.), impondo condições de vida desumanas às pessoas. Essa violação do direito humano à água e ao saneamento, que atinge milhões de brasileiros, é histórica e reflete o atraso e a imensa desigualdade do Brasil, onde historicamente o modelo de gestão foi construído para os grandes e não para os pequenos. Agora, com a privatização, encaixa-se o discurso da universalização – de que existe muita gente sem acesso e só agora o terá. O que devemos nos perguntar é: esse modelo é adequado para o Brasil, um país que possui desigualdades imensas no acesso aos serviços?

Outra característica do novo marco regulatório é a mudança no modelo de prestação de serviços. Atualmente, os serviços de saneamento possuem modalidades variadas, ou seja, são realizados pela iniciativa pública na forma de autarquias, administração direta, empresa pública ou sociedade mista. Segundo o SNIS (2019), ao todo, existem 6.545 prestadores de serviços de saneamento no país e predominam três principais arranjos na prestação dos serviços: prestação por empresas regionais (estaduais), prestação direta pelos municípios e prestação pelo setor privado (concessões e parceria público-privada).

A proposta da lei é instituir a modalidade regional na execução dos serviços; isto é, fragmentar o setor a partir da formação de blocos regionais constituídos por municípios que podem pertencer ao mesmo estado ou não. É possível identificar esse método de fragmentação e regionalização na privatização do setor elétrico brasileiro, nos anos 1990. Na época, os grandes grupos econômicos dividiram o país por região, e cada corporação passou a atuar em determinada localização geográfica. A Equatorial Energia, por exemplo, ficou em alguns estados do Norte e Nordeste.

Segundo a lei, o objetivo é facilitar a existência de equilíbrio econômico-financeiro e tornar os serviços mais atrativos ao setor privado. Conforme pronuncia o Banco Mundial:

> Embora a variedade de modelos de provisão de serviços no Brasil possa ser vista como adequada para um país federativo grande e diversificado, há evidentes ganhos de escala nos modelos regionais, que podem ser potencializados pela participação do setor privado. (Banco Mundial, 2018, p. 4)

Esses blocos regionais são compostos principalmente por municípios da região metropolitana e municípios fronteiriços, que fazem confluência com estados diferentes da federação. O capital não tem fronteiras e usa características de cunho regional para instalar os interesses de exploração. Segundo Yeung (2005, p. 47), "o conceito de região não pode ser entendido, portanto, como um sistema fechado que contém estruturas intangíveis, mas, como uma construção relacional na qual estruturas e atores heterogêneos tomam lugar". O capital usa esse conceito a seu favor, explorando estruturas e características regionais para viabilizar a exploração.

Essa modalidade de blocos regionais já vem sendo executada em oito projetos de privatização em andamento nos seguintes estados brasileiros: Alagoas, Ceará, Rio Grande do Sul (estado e a capital Porto Alegre), Amapá, Espírito Santo, Rio de Janeiro e Acre. O BNDES é o condutor desses projetos de privatização, desde a modelagem até a realização das licitações e assinatura da concessão.

Entre os projetos mencionados chamam atenção os estados de Alagoas e do Acre. No primeiro, estima-se a privatização completa dos serviços de distribuição de água, coleta e tratamento de esgoto nos 102 municípios do estado em três blocos regionais. O primeiro bloco, o bloco A, é composto por 13 municípios da região metropolitana. Foi o primeiro a ser leiloado.

A empresa vencedora da concessão foi a BRK Ambiental, com um valor total de 2 bilhões de reais. Os demais blocos, B e C, integram municípios da região oeste e leste do estado, respectivamente, e serão leiloados em breve, conforme o BNDES. A Companhia Estatal de Saneamento de Alagoas, que até então era responsável por todos os serviços, ficará apenas com a captação, tratamento e fornecimento de água para as empresas privadas dos blocos A e B. A empresa privada receberá o serviço pronto, enquanto os custos de captação e tratamento da água continuarão com o poder público. A empresa ganhadora da concessão ficará apenas com o serviço de venda da água para os usuários, o que representa uma enorme vantagem econômica.

Esse processo de fracionamento transformará o setor em várias unidades de negócios (produção e captação da água – distribuição – esgotamento sanitário). Essa experiência também ocorreu no setor elétrico com a privatização nos anos 1990. A cadeia produtiva de energia, que antes era controlada por apenas uma empresa pública, a partir da privatização foi fracionada e transformada em diversos negócios (geração, transmissão, distribuição da energia). O fracionamento possibilitou a entrada de 1.350 agentes privados no setor de energia (empresas de geração, transmissão, distribuição e comercialização), passando a ser praticamente impossível o controle público do setor. No entanto, em recente estudo do MAB, as centenas de agentes privados do setor elétrico estão controlados por um cartel de apenas 14 grandes grupos econômicos internacionais: Engie, Iberdrola, Enel, Equatorial, Energisa, Eneva, ISA, CTG, StateGrid, EDP, CPFL, Cemig, Copel e Light.

No Acre, o projeto de privatização abrange os serviços de abastecimento de água e esgotamento sanitário de todas as áreas urbanas do estado e deixa para a Depasa, empresa pública de saneamento, a prestação dos serviços nas áreas rurais, que são justamente as mais onerosas, as que possuem maiores déficits e que, portanto, demandam mais investimentos.

Esses fatos nos levam a crer que o pacote de PLs e a lei aprovada estão longe de dar respostas à universalização e à melhoria na prestação dos serviços. São apenas negócios para lucratividade de grandes grupos econômicos, dentre eles, possivelmente, Ambev, Equatorial Energia, Suez, Veolia, Aegea, BRK Ambiental, Águas do Brasil, Coca-Cola, BTG Pactual, Itaú e Banco Mundial, em conluio com o governo federal e frações da burguesia interna, que atuam sob a orientação política da OCDE.

A lei assegura que se os estudos apontarem a inviabilidade técnica de atingir as metas até o ano de 2033, nos casos em que for a prestação regionalizada dos serviços, poderá ocorrer o prolongamento do contrato de concessão para mais sete anos (até 2040), permitindo maior exploração do setor privado sobre os serviços públicos. Outro aspecto de mudança da lei é a desburocratização das outorgas. A nova lei permitirá que as empresas privadas, e não só públicas, possam dar outorgas. Isso é mais um avanço na estratégia de domínio da água pelo capital. Mediante qual critério a empresa privada outorgará a água?

Com o advento dessa nova lei do saneamento, cinco questões tornam-se cruciais na estruturação do novo modelo de saneamento básico: a outorga, a extinção do contrato de programa, a obrigatoriedade da licitação, a prestação regionalizada dos serviços e a adesão obrigatória dos municípios. Parafraseando Gonçalves (2007), esse movimento de mudança na indústria do saneamento é entendido como uma nova estrutura de produção e distribuição, que procura atenuar e evitar as contradições que colocam em risco a reprodução do modo de produção capitalista.

A participação do setor privado no saneamento brasileiro é datada dos últimos dez anos. As principais empresas privadas como a Aegea, BRK Ambiental, Águas do Brasil que atuam nessa área, foram criadas a partir de 2005, por setores da burguesia interna, principalmente grandes empresas da construção civil, no período de retomada dos investimentos públicos na área do saneamento, que se deu por meio da criação da Lei n. 11.445/07 e o Programa de Aceleração do Crescimento (PAC). Nesse sentido, ao mesmo tempo que esses anos de gestão do PT no governo federal representaram um período de avanço na construção de uma política universalista e pública para o saneamento, foi também um período de forte movimento do capital, que começou a criar empresas privadas aptas a disputar a operação dos serviços de saneamento e concorrer a recursos e serviços públicos até então exercidos pelo Estado. Principalmente a partir da segunda fase do PAC, entre 2012 e 2013, as empresas privadas passam a ter acesso a recursos públicos advindos do PAC. Um exemplo que comprova isso é a Portaria n. 280, de 25 de junho de 2013, do Ministério das Cidades, que viabilizou o acesso de recursos do Orçamento Geral da União pelo setor privado para empreendimentos de saneamento básico. Até então, o financiamento a fundo perdido dos recursos públicos do PAC só era permitido se a operação e a prestação dos serviços de saneamento fossem por parte de empresas estatais ou em instituições nas quais o poder público tivesse maioria das ações com direito a voto. Com a assinatura desse decreto, as empresas privadas passaram também a mobilizar recursos públicos:

> Ainda em 2011, o FI-FGTS realizou o aporte de R$ 90,6 milhões à Foz Centro Norte Participações S.A., que posteriormente alterou sua razão social para Odebrecht Ambiental - Centro Norte Participações S.A. (OACNP), resultando na aquisição de participação acionária equivalente a 49% de seu capital social. Essa empresa era controladora direta da Companhia de Saneamento do Tocantins (Saneatins), que hoje é gerida pela BRK Ambiental, em função da venda da Odebrecht Ambiental para o grupo Brookfield. A Odebrecht

Ambiental, atual BKR Ambiental, recebeu também recursos do Banco Nacional de Desenvolvimento Econômico e Social (BNDES) para investimentos nos sistemas de Cachoeiro de Itapemirim, Blumenau, Limeira, Rio das Ostras e Rio Claro. Também foram alocados recursos do BNDES na PPP com a Empresa Baiana de Águas e Saneamento (Embasa) para o Sistema de Disposição Oceânica do Jaguaribe em Salvador (Saneamento Ambiental, 2016). Ela também recebeu recursos do Fundo de Desenvolvimento do Nordeste (FNDE), regulamentado em novembro de 2012. [...] Os recursos do FNDE, no valor R$ 400 milhões, foram disponibilizados também para investimentos da Odebrecht Ambiental em esgotamento na região metropolitana de Recife (RMR), na PPP assinada com a Companhia Pernambucana de Saneamento (Compesa) em 2013, que abarcou 15 municípios (14 da RMR e o município de Goiana, fora dela) e 3,7 milhões de habitantes. Vale lembrar que, para realizar os investimentos previstos, a Odebrecht Ambiental também obteve um empréstimo da Caixa-FGTS no valor de R$ 700 milhões. (Heller, 2018, p. 78)

A lei recém-aprovada abre espaço para uma maior expansão das empresas privadas com o argumento de que os entes privados aportariam recursos próprios para o setor. Entretanto, como já destacado anteriormente, as empresas recorrem sempre aos fundos públicos. Na história recente da prestação privada, esse aporte de recursos próprios não foi verificado. O que se tem constatado é a mobilização de recursos dos fundos públicos de investimento, principalmente do FGTS e BNDES, além da autossustentação da tarifa, que é paga pelo cidadão. Nesse sentido, o que justifica entregar o setor de saneamento para as empresas privadas?

Segundo Britto e Rezende (2017), ao longo do tempo, o capital foi se constituindo cada vez mais como um ator capaz de representar os seus interesses junto ao governo federal. A viabilização da expansão privada na área do saneamento contou com o papel importante de associações patronais, como Associação

Brasileira de Desenvolvimento da Indústria de Base (Abdib), Associação Brasileira de Engenharia Sanitária e Ambiental (Abes), Associação Brasileira das Concessionárias Privadas de Serviço Público de Água e Esgoto (Abcon), Sindicato da Indústria da Construção Civil (Sinduscon) e o Instituto Trata Brasil, que têm como principais associadas as empresas privadas comandadas, em sua grande maioria, pelo capital financeiro. Essas forças corporativas têm o papel de representar e viabilizar os interesses do grande capital no Brasil. Desse modo, as associações tornaram-se não só entidades jurídicas, mas também entidades políticas de representação do capital em si. Algumas dessas, como a Abdib, fundada em 1955, provêm de setores da construção civil. Outras, como a Abcon e o Instituto Trata Brasil, foram criadas na última década, sendo que todas possuem grande força política e econômica no sentido de influenciar os governos de plantão, e atuam na formulação de leis – como a Lei n. 11.445 e n. 14.026 –, produzem estudos, pesquisas etc. Com esse modelo atual, a força corporativa dessas associações aumentará e estas passarão a ser cada vez mais reconhecidas pela sociedade, pelos agentes do setor de saneamento e pelos governos. Essas entidades corporativas atuam na esteira do arcabouço legal vigente e na perspectiva de alteração deste e criação de um ambiente legal conveniente aos seus interesses.

A recente Lei n. 14.026/20 já é alvo de diversas Ações Diretas de Inconstitucionalidade (ADIs) protagonizadas pelos movimentos sociais e sindicatos organizados de trabalhadores, como a Federação Única dos Urbanitários (FNU). Uma das ações foi a ADI n. 6.492 (Brasil, 2021), que argumenta que os diversos artigos da Lei (3, 5, 7, 11, e 13) ferem a constituição federal ao vedar contratos de programa e reduzir a autonomia e a competência dada aos municípios assegurados, criando empecilhos para a prestação pública dos serviços de saneamento.

Em artigo publicado no *site* Ondas, Afonso Florence (2019) destaca que a aprovação da Lei n. 14.026/20 levará o setor, inevitavelmente, a uma paralisia. Haverá a depreciação dos ativos das empresas estaduais e isso causará uma quebra geral no sistema, desabastecimento e um aumento de tarifas. Segundo ele, o argumento usado pelos defensores do "novo marco regulatório" é o de que a participação das empresas privadas no setor é muito pequena, quase inexistente e que isso se deve ao fato de que os contratos de prestação de serviços beneficiam uma atuação predominante de empresas estaduais no setor. Conforme ele mesmo destaca, o marco regulatório atual não impede a atuação das empresas privadas no setor de saneamento, haja vista que essa participação já está sustentada com um robusto marco regulatório que garante segurança jurídica tanto para empresas privadas quanto para as públicas.

É importante recordar as experiências históricas de privatização da água no Brasil e no mundo; elas têm se demonstrado desastrosas, ineficientes e altamente custosas à população. São criadas altas tarifas, zonas de exclusão pela inviabilidade da rentabilidade na prestação do serviço, como zonas rurais e áreas periféricas, que no atual modelo são garantidas por serem obrigações do Estado. Além disso, são acompanhadas da demissão de diversos trabalhadores, da precarização do trabalho e da perda de direitos trabalhistas. Há uma interferência na produção de alimentos quando camponeses não têm acesso à água, além da contaminação das águas por venenos e resíduos industriais decorrentes da problemática da distribuição das outorgas, igualmente tratada no novo marco. Tampouco resolve a questão da escassez e do rodízio de fornecimento. Por esses fatores, países, regiões e cidades que viveram a experiência da privatização estão revertendo os processos para controle público.

Britto e Rezende (2017) destacam que não é possível pensar saneamento básico sem pensar em políticas de urbanização integradas. No que se refere ao fornecimento da água e demais serviços que integram o saneamento, Heller (2018) afirma que o padrão de fornecimento no Brasil é discriminatório. Segundo ele, se fizermos qualquer identificação de quem tem e de quem não tem acesso – ou quem tem melhor ou pior –, veremos sempre que quanto mais rico, melhor o serviço. Este é um padrão que tem se mantido no Brasil de forma muito acentuada. O saneamento básico oferecido pela empresa privada não garante essa política de urbanização integrada de que fala a autora. Porque o interesse do capital é o lucro e não a qualidade de vida total da população.

O PROCESSO DE PRIVATIZAÇÃO DOS SERVIÇOS DE SANEAMENTO EM TERESINA

Apesar de muitas experiências no mundo terem fracassado no tocante à privatização da água, o capital e o Estado colocam sua atividade em direção à empreitada privatista dos serviços de distribuição da água e do esgotamento sanitário (Barlow e Clarke, 2003).

Na avaliação de Gonçalves (2012), o processo de mercantilização da água se acentuou em várias partes do mundo a partir de meados da década de 1990. Nesse contexto se insere o crescimento das iniciativas de privatização do saneamento brasileiro nos últimos anos, como é o caso de Teresina em 2017, que resultou na diminuição e mesmo extinção da Agespisa e na apropriação pelo capital do serviço que ela executa.

A companhia é uma sociedade de economia mista, pessoa jurídica de direito privado, criada em 1962, por meio das Leis Estaduais n. 2.281, de 27 de julho de 1962 (Piauí, 1962), e 2.387, de 12 de dezembro de 1962, e tem o governo do estado do Piauí como acionista majoritário. Foi criada fundamentalmente para executar a política de abastecimento de água e de esgotamento sanitário do estado.

Ela é responsável pelo fornecimento dos serviços de saneamento básico em 155 das 224 cidades do estado, contendo cerca de 627 mil ligações residenciais ativas, segundo dados do SNIS (2019). Atualmente, cerca de 75,9% da população do Piauí é atendida com abastecimento de água e apenas 14,4% com serviços de esgotamento sanitário, sendo que na capital, Teresina, o abastecimento de água chega a 98% e o esgotamento sanitário a 19,96% (SNIS, 2019).

Para Soares e Calisto (2020), as investidas em torno da privatização dos serviços de saneamento da cidade de Teresina e a consequente diminuição e mesmo extinção da companhia de economia mista tiveram início em 2005 a partir de iniciativas, como a instituição do Programa de Parcerias Público-Privadas no estado do Piauí e no município de Teresina, a fundação do Instituto Águas e Esgotos do Piauí, por meio da Lei 5.641/2007 (Piauí, 2007), e a criação do Serviço Municipal de Águas e Esgotos de Teresina (Semae).

O primeiro ensaio de transferência dos serviços de água e esgoto da capital ocorreu no ano de 2012, sob a forma de delegação, assegurada pela Lei n. 4.310/12 (Teresina, 2012). A partir de sua aprovação, a prefeitura municipal de Teresina e o governo do estado do Piauí foram criando mecanismos para legitimar o processo de privatização em curso. Em outubro de 2015, o governo do estado criou, por meio do Decreto n. 16.208, a Comissão Especial de Licitação vinculada à Superintendência de Parcerias e Concessões (Suparc) para realizar o procedimento licitatório visando a subconcessão do serviço público de saneamento básico da cidade. Em janeiro de 2016, a Suparc realizou a abertura do edital de licitação, e em novembro do mesmo ano o resultado do processo licitatório foi divulgado. Destaca-se que essa foi uma das primeiras licitações em saneamento básico que permitiu a participação de empresas estrangeiras. Dentre as justificativas utilizadas para essa privatização, a prefeitura municipal e o governo do estado defendem que esse processo permitirá a universalização dos serviços de saneamento na capital de Teresina por meio de investimentos de cerca de 1 bilhão de reais, previstos no contrato, e que isso geraria melhoria da qualidade dos serviços prestados.

Desse modo, o contrato de subconcessão dos serviços de saneamento da cidade de Teresina foi assinado em 22 de março de 2017 de acordo com a Lei Federal n. 8.987/95 (Brasil, 1995). Tem prazo de 31 anos, com início em março de 2017 e término em junho de 2047. A empresa ganhadora da concessão foi a Aegea Saneamento e Participações. Ela é o segundo maior grupo privado que atua no saneamento brasileiro e tem como proprietários a Equipav S.A, Banco Mundial, FIP Saneamento e Fundo Soberano de Cingapura, e está presente em 48 municípios de 11 estados do Brasil. Não obstante, o termo subconcessão diz respeito à transferência parcial dos serviços a um terceiro, neste caso, a operação, manutenção, adequação e ampliação do sistema de abastecimento de água e de esgotamento sanitário da área urbana, que antes eram realizados pela Agespisa, passam a ser operacionalizados pela Aegea Saneamento e Participações.

No campo ideológico, a justificativa para privatização dos serviços de saneamento de Teresina foi evidenciada sistematicamente nos canais de televisão e nos principais jornais de maior circulação para convencer a população de que a privatização seria a única saída para solucionar os problemas enfrentados com o saneamento no Piauí. Uma das notícias foi publicada, em 23 de março de 2017, pelo *Jornal Meio Norte*, um dia após a assinatura do contrato, com a seguinte manchete: "Governo garante controle da tarifa de água". Na matéria, ao ser questionado sobre a possível mudança na tarifa, o governador Wellington Dias afirmou que seria mantida a política já adotada. Segundo ele, a tarifa é exatamente a que estamos trabalhando, temos uma tarifa legal, já é praticada há pelo menos 15 anos no Piauí, com reajuste anual como é feita em todos os estados do Brasil; assim como em relação ao esgoto, aliás, alguns lugares do Brasil cobram 100% do valor de água para o esgoto, sendo que no Piauí é no máximo 80%. Por isso, é, então, uma tarifa mais baixa, porém o que está em discussão é o atendimento a quem não tem e de qualidade a quem já tem, a um preço que nesse caso é igual ao preço que já é praticado. (*Jornal Meio Norte*, 23/3/2017, p. 2)

No entanto, a cláusula 26 do contrato de concessão assegura que haverá reajustes anuais na tarifa dos teresinenses. E isso será feito no dia 28 de junho de cada ano, de acordo com os termos do Anexo IV do edital e em consonância com as regras expostas em contrato. Os reajustes dizem respeito à parcela das tarifas relativa aos custos não administráveis pela empresa, como energia elétrica, produtos químicos, tributos e encargos. O contrato garante um reajuste anual sobre eles conforme a variação integral do preço dos recursos. Diz ainda que as parcelas restantes das tarifas sofrerão reajuste anual de acordo com a variação do IPCA/IBGE ou a partir de outro parâmetro que melhor reflita a variação de preços individuais. Também prevê que a forma de cálculo do reajuste das tarifas será elaborada pela própria concessionária e encaminhada à agência reguladora para ser aplicada nas tarifas. Tudo isso são mecanismos que garantem a alta lucratividade ao capital e que obrigatoriamente terão de elevar as tarifas até gerar lucro em taxas aceitáveis ao capital, que agora controla o saneamento.

Ainda na reportagem, a superintendente de parcerias e concessões, Viviane Moura, também declarou que no contrato não há previsão quanto ao crescimento na tarifa dos usuários. No mesmo mês da publicação, diretores da Aegea participaram de diversas entrevistas em Jornais, TVs e portais do estado, dentre eles *Bom dia Piauí, Jornal da Clube, Rádio Clube, Cidade Verde, Portal Cidade da Luz* e *G1*, afirmando que a tarifa não seria alterada. Observa-se que as notícias são de diferentes dias, porém a manchete usada é praticamente a mesma. Em entrevista ao *Bom dia Piauí*, no dia 30 de março de 2017, o diretor da Aegea afirmou que:

> Existe uma tarifa mínima que será cobrada porque existem equipamentos, funcionários para manter funcionando a rede de esgoto que passa em frente às residências das pessoas. Essa tarifa existe para manter a empresa, mas até o momento ainda não sei quando será cobrado pelo metro cúbico. Uma certeza que temos é a de que não haverá aumento de tarifa. Temos que cumprir a tarifa que está em contrato. No futuro, o percentual vai subir, mas de acordo com os investimentos que serão feitos. (*G1 Piauí TV Clube*, 2017, p. 1)

Apesar das afirmações de que com a privatização não haverá aumento de tarifas, a tendência é que ocorra o contrário. A não ser que existisse uma cláusula no contrato proibindo o aumento, o que se tornaria um contrassenso para os interesses da empresa privada.

Além da duração de 31 anos, a concessão dos serviços de saneamento de Teresina terá um valor, para efeito e fins de direito, de 1.731.538.000 de reais, que será aplicado por meio de investimentos nos serviços de saneamento. O valor líquido que será pago à Agespisa como contribuição financeira ao setor pela concessão dos serviços de saneamento é de 160.130.000 de reais. Cabe destacar que esse valor é menor do que a arrecadação anual das tarifas atuais pagas pelos teresinenses que, segundo dados de 2015 da Fundação Instituto de Pesquisas Econômicas (Fipe), é de 174 milhões de reais. Isto é, em um ano, a empresa privada terá o retorno financeiro pelo pagamento ao Estado do Piauí do direito de concessão. Se multiplicarmos 174 milhões pelos 32 anos que durará a concessão, tem-se como resultado 5 bilhões e 568 milhões de reais. Isso representa cinco vezes mais do que eles estão prometendo de investimento. Esse valor pode ser ainda maior, considerando que, ao longo dos anos, haverá a elevação da tarifa. A Aegea garante que fará investimentos de mais de 1,7 bilhão de reais, conforme consta no contrato, sendo que, nos três primeiros anos a empresa deverá investir cerca de 650 milhões de reais, visando alcançar as metas que foram estabelecidas, dentre elas, a universalização da cobertura dos serviços de coleta e tratamento de esgotos em 90% até 2031 e a garantia da universalização da água na zona urbana em 2018, e no meio rural até 2021 (Instituto Trata Brasil, 2012). Hoje estima-se que cerca mais de 80% dos 800 mil habitantes de Teresina não tenham coleta de esgoto. Porém, o contrato não especifica a origem desse montante de recurso que será investido. Segundo o texto, a empresa poderá executar as obras e realizar investimentos da maneira que julgar mais eficiente; ou seja, não se delimita de onde deverão ser oriundos os investimentos, se será cobrado dos usuários ou por meio do capital próprio da empresa.

Ainda de acordo com o documento, o regime de subconcessão dos serviços de saneamento de Teresina funcionará tendo como base o escalonamento tarifário. Com isso, muda-se o comportamento da tarifa, que passa a ter como base o regime do preço teto – o mesmo que é praticado na conta de energia elétrica. Assim, a tarifa será reajustada anualmente e o preço subirá, assim como poderão ser cobrados outros preços oriundos da prestação de serviços complementares à população. Segundo entrevista feita ao *Blog Capital Teresina*, publicada em 11 de fevereiro de 2016, o diretor-geral do Instituto de Águas do Piauí, Herbert Buenos Aires, afirmou que "o novo sistema de abastecimento de água e tratamento de esgotos é autofinanciável, porque é garantido pela cobrança das tarifas. Daqui para a frente, nós vamos ter todo o sistema financiado pelo que arrecada" (*Blog Capital Teresina*, 2016, p. 2).

A projeção feita pela Fipe (2017) estima que em dois anos o preço da taxa de esgoto subirá 100% na cidade de Teresina, equiparando-se à taxa de água. Antes da privatização, a tarifa de esgoto equivalia a 50% do valor cobrado na conta de água das famílias teresinenses. Esse aumento no valor da tarifa de esgoto está assegurado na cláusula 22 do contrato de concessão, que define como condição fundamental para o equilíbrio econômico-financeiro da Águas de Teresina a adoção do escalonamento tarifário dos serviços de esgotamento sanitário, com base em percentuais, formas e prazos anunciados na estrutura tarifária do edital de licitação.

Nesse sentido, no ano de 2019, a empresa realizou dois aumentos na tarifa de esgoto. O primeiro, no mês de janeiro, de 50% para 65%, e o segundo, no mês de julho, de 65% para 80%, conforme podemos perceber no gráfico a seguir:

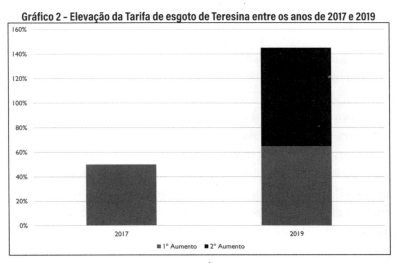

Gráfico 2 – Elevação da Tarifa de esgoto de Teresina entre os anos de 2017 e 2019

Fonte: Elaborado pela autora (2020), com base em dados da Águas de Teresina Saneamento S.A. de 2017, 2018 e 2019.

De acordo com o relatório de demonstrações financeiras da empresa Águas de Teresina Saneamento SPE S.A., referente aos anos de 2019 e 2020, os dois aumentos na tarifa de esgoto de Teresina no ano de 2019 geraram um lucro de 58 milhões de reais para a Águas de Teresina. Em 2018, o lucro líquido da empresa havia sido de 5 milhões de reais (Águas de Teresina SPE S. A., 2018). Com o aumento da tarifa de esgoto, em apenas um ano, a empresa expandiu o seu lucro em dez vezes. Segundo dados de 2019, divulgados pela Secretaria Municipal de Planejamento e Coordenação (Semplan), somente 31% da população de Teresina é coberta com serviços de coleta de esgoto, o que equivalem a 252 mil pessoas atendidas e 500 quilômetros de extensão de rede de esgotamento sanitário instalados. Nesse caso, a cobrança na tarifa de esgoto está sendo feita sem que a população tenha acesso ao serviço. Ela é aplicada como se a Águas de Teresina estivesse fornecendo o serviço completo de saneamento, no entanto, não é o que ocorre. Se compararmos o atendimento dos serviços de esgoto em Teresina com o atendimento dos serviços de água, vemos que a diferença na cobertura dos dois serviços é significativa. A distribuição de água potável é destinada a cerca de 822 mil teresinenses, o que corresponde a aproximadamente 98% da população. Já o serviço de esgoto é destinado a apenas 252 mil pessoas, o que equivale a 31% da população, portanto, a cobertura de água potável em Teresina é três vezes maior do que a cobertura de esgoto. Apesar disso, a tarifa de esgoto está sendo cobrada no mesmo patamar da taxa de água, como se a cobertura desses serviços estivesse sendo a mesma. Nesse modelo de privatização desse serviço a empresa encontra com muita facilidade uma fonte de lucro que é o bolso da população. Esse modelo de tarifa aplicada nos serviços de esgoto em Teresina é chamado de custo incremental de longo prazo, conforme define a Abcon:

Custo incremental de longo prazo: baseado no custo médio da expansão do sistema somado ao custo médio de operação associado ao respectivo aumento de produção. Inclui o custo da disponibilidade permanente do serviço e pode constituir um referencial de tarifa. O método diferencia os custos de fornecimento dos serviços para grupos de consumidores com características de consumo semelhantes, transferindo para cada grupo de consumidores um ônus tarifário proporcional ao respectivo custo. (Abcon, 2020, p. 81)

Nesse modelo, o que eles denominam de custo médio de expansão é, na prática, extorsão do usuário cobrando um adiantamento da população em nome das supostas metas de universalização e de cobertura dos serviços. Essa prática abusiva foi denunciada ao Ministério Público do Piauí (MPPI) que notificou a Águas de Teresina, no dia 3 de fevereiro de 2020, com base em denúncias feitas pelos moradores de que a concessionária estaria cobrando a tarifa pelo tratamento de esgoto em locais onde o sistema não funciona, ou mesmo onde o serviço ainda não está em pleno funcionamento. Os moradores alegaram também que a empresa não estaria informando sobre a cobrança indevida.

Outro aspecto analisado foi o aumento dos custos operacionais da empresa logo após a privatização. O relatório de demonstrações financeiras da empresa Águas de Teresina Saneamento SPE S.A referente aos anos de 2018 e 2017 comprova que o aumento nos custos foi uma das questões que possibilitou esse aumento significativo na receita operacional, isto é, na arrecadação tarifária. Em 2017, os custos operacionais da Águas de Teresina foram de 66 milhões de reais; já em 2018, somaram cerca de 159 milhões (Gráfico 3).

A empresa aumentou 2% na venda da água e reduziu o custo com pessoal. Em 2017, o gasto anual com remuneração dos trabalhadores era em torno de 20 milhões de reais; em 2019, esse custo caiu para 16 milhões, causando uma maior intensificação da exploração do trabalho (terceirização de todas as atividades), e equacionando, tudo isso significa uma taxa de exploração brutal. O gráfico 3 ilustra bem esta relação simbiótica entre o aumento dos custos operacionais da empresa e o aumento da receita alcançada pela empresa no mesmo período.

Gráfico 3 - Receitas e custos operacionais de saneamento em Teresina (milhões de reais)

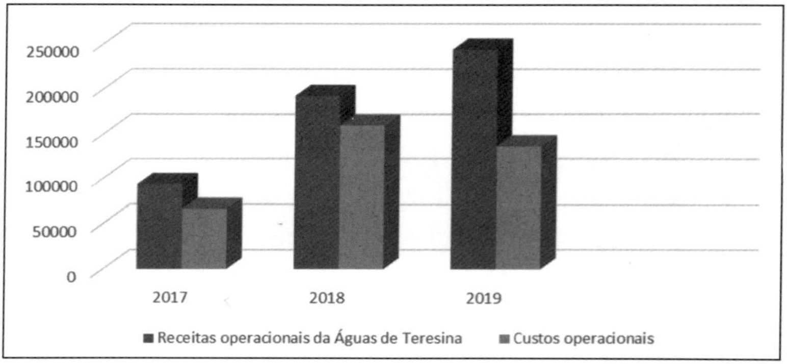

Fonte: Elaborado pela autora (2020), com base em análise de relatórios financeiros da Águas de Teresina Saneamento S.A. de 2017, 2018 e 2019.

Apesar do aumento nos custos operacionais da empresa demonstrados em Relatório, somente os serviços de coleta de esgoto tiveram alguma mudança positiva. Em 2017, a expansão dos serviços de água em Teresina era de 98%, e esse índice continuou em 2019. Com relação aos serviços de esgoto em 2018, era de 19%. No ano seguinte, o índice de cobertura de redes de esgoto chegou a 31%.

Já nos primeiros quatro meses da privatização dos serviços de Teresina, a Aegea descumpriu o acordo, firmado em contrato, de que o reajuste da tarifa deveria acontecer somente uma vez ao ano, e solicitou à Agência Municipal de Regulação de Serviços Públicos de Teresina (Arsete) a majoração de 4,9% na conta de água. A agência julgou o pedido como improcedente, tendo em vista que já havia sido realizada correção da tarifa no ano de 2017, no mês de maio, que foi de 2,9%. A Aegea solicitou que fosse feita a correção de 2,9% para 4,9%, com efeito retroativo ao mês de agosto. Também pediu a antecipação do reajuste da tarifa de junho para o mês de janeiro de 2018. Nesta mesma solicitação, a empresa pediu reajuste de 100% para a tarifa de esgoto, conforme previsto.

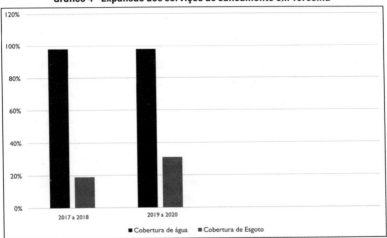

Gráfico 4 - Expansão dos serviços de saneamento em Teresina

Fonte: Elaborado pela autora (2020), com base em análise de relatórios financeiros da Águas de Teresina Saneamento S.A. de 2017, 2018, 2019 e 2020.

Em 2019, uma reportagem com o título "Teresinense pode pagar preço diferenciado pela frequência da coleta de lixo", publicada pelo *Jornal Cidade Verde*, afirmou que a coleta e tratamento de lixo doméstico em Teresina poderá ser gerida por meio de parceria público-privada. Segundo a responsável pela Secretaria Municipal de Parcerias e Concessões (SMPP), Monique Menezes, foi enviado um projeto de concessão ou parceria público-privada da coleta e tratamento do lixo para a Câmara

Municipal de Teresina. Atualmente, a população paga uma taxa anual pela coleta de lixo que é inclusa no Imposto Territorial Urbano (IPTU). Com essa nova proposta que está sendo estruturada, segundo a secretária, tende a ser mudada a forma de cobrança; assim, o valor pode passar a ser aplicado de acordo com a frequência da coleta, sendo vinculado à quantidade de vezes que o lixo é coletado das residências.

Com isso, o que fica evidente é que com a privatização, os demais serviços que fazem parte do saneamento tendem a ser cobrados pela concessionária, em forma de taxas incorporadas à tarifa. Além da problemática envolvendo a questão tarifária, pode-se comprovar que o processo de privatização foi realizado de forma bastante truculenta e impositiva, sem diálogo com a população local, impedindo a participação de setores organizados da sociedade, inclusive, durante as audiências públicas. Todo processo envolveu muitos conflitos e inúmeras lutas, organizadas por movimentos sociais e sindicais, que se manifestaram contrários à privatização da água. Além disso, o processo foi alvo de inúmeros impedimentos judiciais. Logo após o resultado licitatório, uma das empresas concorrentes, a Águas do Brasil, recorreu ao Tribunal de Contas do Estado (TCE-PI) questionando a legalidade da licitação e afirmando haver um suposto favorecimento à empresa Aegea no transcurso do processo licitatório. Assim declara João Luiz Queiroz, representante da Águas do Brasil, durante reportagem do jornal *O Dia*:

> Houve um movimento da comissão de licitação para beneficiar a Aegea. Vamos a todas as instâncias. Uma coisa é perder, outra é sermos julgados de forma errada, porque a comissão quer dar a concessão para a outra empresa. (Jornal *O Dia*, 2016, p. 1)

Além da subconcessão dos serviços de saneamento na capital, Teresina, percebe-se que está havendo um grande interesse das empresas pela privatização dos serviços de saneamento em outras regiões do estado. Entre 2018 e 2019, outras três cidades do Piauí tiveram os serviços de saneamento privatizados: Antônio Almeida, Bom Princípio e Landri Sales. Uma única empresa, a Diniz Neto Soluções de Águas e Esgotos, foi ganhadora da concessão nos três municípios. Além destas cidades, outras como Picos, Floriano, Oeiras, Cocal da Estação, Porto e Anísio de Abreu estão sob o risco de terem os serviços de saneamento privatizados. Nas cidades mais populosas, como Picos e Floriano, são as próprias empresas interessadas na privatização (Aegea e BRK Ambiental) que dão andamento aos estudos técnicos para exploração dos serviços. Já em cidades como Oeiras e Anísio de Abreu, os serviços estão sendo primeiramente municipalizados, para depois dar-se início ao processo de privatização, por meio de decretos (Sintepi, 2018).

No Piauí, a primeira investida de privatização do saneamento foi na cidade de Teresina, cidade mais populosa, com a maior receita e o serviço mais bem implementado; assim, basta elevar as tarifas e o lucro está garantido. Teresina é o recheio do bolo, o mais rentável, quando analisado o saneamento em todo estado.

Até então, grande parte dos municípios estabeleciam contratos de programa com a Agespisa para a execução dos serviços. Para não romper os contratos, a câmara de vereadores do município aprovava uma lei para municipalizar os serviços, isto é, desvinculá-los da companhia estadual. Muitas vezes, isso funcionava como manobra para evitar a quebra do contrato de programa entre a autarquia ou órgão municipal e a concessionária estadual, que em muitos casos acabara de ser renovado. Meses depois, contestava-se que o município não tinha condições de gerir o serviço por conta própria, e então era feito o processo de licitação para privatização. Com a nova Lei n. 14.026/20, já é possível privatizar os serviços de saneamento sem a necessidade da municipalização, sob a forma de blocos regionais que poderão conter 10, 15, 40, 60 ou mais municípios por bloco.

Com o avanço da privatização dos serviços de saneamento no Piauí, a Agespisa tende a ser diminuída, podendo até ser extinta, conforme declara a própria superintendente de parcerias e concessões, Viviane Moura: "A partir da subconcessão, a Agespisa será extinta aos poucos e de forma natural, já que atualmente a empresa tem uma dívida bastante elevada e o governo levará um tempo para eliminar o débito" (Costa, 2016). O interesse do capital é pela apropriação dos serviços que a Agespisa executa. A fonte de rendimentos não é a estrutura empresarial, pessoal, nem a sua metodologia. A fonte de rendimento é o serviço de saneamento (tarifa) nos municípios rentáveis.

Nesse sentido, sob a administração da Agespisa ficarão somente os municípios pequenos do estado do Piauí, aqueles deficitários em receita e lucratividade. Estes passarão a ter um custo maior na operacionalização dos serviços de saneamento, tornando dificultosa a sua operacionalização em um ambiente de extinção da metodologia tarifária dos subsídios cruzados, a partir da nova Lei n. 14.026/20. O valor da tarifa da Agespisa também tende a aumentar. A população localizada nos pequenos e médios municípios, que na maioria das vezes são pessoas muito pobres, terão uma tarifa acima da sua capacidade de renda, o que causará mais desigualdade e dificuldades de acesso aos serviços. Quanto a isso, em reportagem do portal *O Dia*, Otávio Neto explica:

> A situação de desabastecimento da zona rural de Teresina e piora nos municípios menores se deu em decorrência da retirada do sistema de saneamento da capital da Agespisa, que anteriormente financiava via subsídio cruzado os sistemas das demais regiões. Além disso, bairros da própria capital ainda enfrentam a precariedade do saneamento básico, exemplo

disso é a interrupção de água durante o dia ou durante a noite, de modo que a população precisa acumular água para uso no contraturno. Muitos casos são levados aos órgãos de defesa do cidadão e do consumidor. Somente no Procon registra-se por mês aproximadamente 48 mil procedimentos contra a empresa Águas de Teresina, em sua maioria reclamações de multas e renegociação de dívidas, entendidas como uma prática abusiva pelo Procon. (Neto, 8/1/2020, p. 1)

Apesar do avanço do domínio do capital nesse setor de saneamento e serviço de água no Brasil, o mundo continua resistindo a essa ascensão com exemplos de remunicipalização e reestatização dos serviços. Bulto (2015, p. 26) afirma que "é inquietante que até pouco tempo um direito tão básico e fundamental para a simples sobrevivência humana não tenha recebido uma expressão explícita em quaisquer dos tratados de direitos humanos da ONU". É impressionante que, mesmo decorrida uma década desde que a organização, finalmente, reconheceu a água e o saneamento como direitos universais e essenciais para a garantia da vida humana, nenhuma medida tenha sido tomada no Brasil e pouco tenha sido feito no mundo em termos de constituição de leis e dispositivos para garantir a proteção desses direitos. Em contraposição, o que avança é o processo de transformação desses direitos em mercadoria, por meio de leis e programas que garantem segurança jurídica para os negócios do capital, para que continue explorando os recursos naturais e os serviços de água, que inclui a distribuição, tratamento, coleta de lixo, assim como as reservas de água, por meio dos mecanismos de privatização.

Já está comprovado historicamente, por 35 países, que a privatização do saneamento não deu certo. Fazendo uma referência a essa tendência de mundialização que foi adotada pelo neoliberalismo a partir dos anos 1990 no tocante à privatização da água, pode-se constatar que as tentativas de implementação desta política privatizante em diversos países não obtiveram sucesso. Conforme destaca Flores (2009), os resultados da privatização dos serviços de água em alguns países geraram diversos conflitos sociais e lutas populares; ademais, possibilitaram o surgimento de organizações e de redes populares em defesa da água e pela reestatização dos serviços em países como a Argentina e Bolívia. Na Bolívia ocorreu a Guerra da Água, movimento que marcou as organizações sociais na América Latina, no início do século XXI, e que representa um símbolo histórico de luta e conquista dos povos em defesa da água como um direito e contra as privatizações. O autor destaca o surgimento da Asamblea Provincial por el Derecho al Agua (APDA), uma organização plural, criada em 2002 na Argentina, para discutir com a população os problemas causados pela concessão do serviço de água para o grupo Suez. A organização passou a ter uma atuação regional e a desenvolver um trabalho bastante apreciado e de inserção participativa da população. Conforme destaca Flores (2009):

> Inicialmente pouco visível e desconsiderada pela política oficial, a APDA utilizou como estratégia contra-hegemônica a realização de um plebiscito nas 15 cidades que tinham o serviço privatizado. Com o esforço de militantes e voluntários, foram recolhidas 260 mil assinaturas, das quais a grande maioria votou pela rescisão do contrato. A partir deste episódio, tanto os meios de comunicação de massa quanto o governo provincial passaram a dar mais atenção para os problemas que eram apontados até que, em 2005, mesmo contrariando a vontade do governo local, a empresa rescinde o contrato. (Flores, 2009, p. 60)

Em 2015, um importante estudo publicado pelo Instituto Transnacional (TNI) e editado pela Universidade Internacional de Pesquisa de Serviços Públicos (PSIRU), em parceria com o Instituto Transnacional (TNI) e o Observatório Multinacional, identificou que, entre os anos de 2000 e 2014, ocorreram 180 casos de remunicipalização dos serviços de água, em 35 países. A partir desse quadro crescente de casos de reestatização dos serviços de saneamento em vários lugares, os especialistas apontam que há uma tendência global pela remunicipalização da água (Instituto Transnacional, 2015).

O estudo aponta que esta tendência vem se acelerando consideravelmente nos últimos cinco anos, sendo que os países ricos apresentam um crescimento ainda maior no número de casos de reestatização. Dos 180 casos, 136 estão localizados em países tido como "ricos" e 44 em países pobres ou de rendimentos médios. Segundo o relatório, entre as grandes cidades que remunicipalizaram estão: Accra (Gana), Berlim (Alemanha), Buenos Aires (Argentina), Budapeste (Hungria), Kuala Lumpur (Malásia), La Paz (Bolívia), Maputo (Moçambique) e Paris (França).

De acordo com o estudo, os fatores que levaram à reestatização são semelhantes em todo o mundo, e entre os principais motivos, destacam-se: falta de transparência financeira, altas tarifas, desempenho medíocre, subinvestimento, disputas sobre custos operacionais, dificuldade de monitoramento das empresas pela sociedade civil, dispensa de mão de obra e qualidade deficiente dos serviços prestados, entre outros. O que se vê é um quadro de financeirização e, consequentemente, de priorização de retorno aos investidores, em detrimento da qualidade dos serviços prestados (Sakimoto, 2015).

Países como Alemanha, França, Índia, Estados Unidos, Argentina, Moçambique, Japão, Canadá e Brasil fazem parte da lista de países que desfizeram inúmeros contratos de privatização, concessão e parcerias público-privadas e reestatizaram grande parte dos seus serviços de saneamento. Entre os países que mais os reestatizaram, segundo a reportagem de Silvia

Noronha e João Roberto Lopes Pinto, publicada pela revista *Le Monde Diplomatique* (Noronha e Pinto, 9/4/2018), o Brasil ocupa o segundo lugar no *ranking*, com 78 casos de reestatização, dos quais 77 ocorreram em munícipios do estado de Tocantins e um no munícipio de Itu, no estado de São Paulo. Em primeiro lugar encontra-se a França, um dos países responsáveis pela criação de organismos internacionais como o Conselho Mundial da Água. No atual cenário, no qual questões que envolvem a água e o saneamento fazem parte da agenda política, percebe-se que esse estudo, que possui uma notável importância dentro da discussão que se coloca sobre a água, não recebeu nenhum destaque na grande imprensa e sequer foi veiculado.

As inúmeras experiências de fracasso dessa política privatista no saneamento não têm levado os investidores a repensar esse modelo. Um de seus discursos é de que é necessária a mudança do modelo de gestão de crise para o modelo de gestão de risco, considerando os recursos hídricos. Levando em conta que o número alto de casos de reestatizações no mundo ocorreu exatamente porque colocaram ainda mais as populações em risco, então se faz necessário, no mínimo, rediscutir a estratégia de privatização. Apesar de todos esses casos notificados de reestatização, a classe dominante segue aplicando medidas neoliberais de forma autoritária no mundo, privatizando os serviços de água. Muito embora não exista um verdadeiro consenso sobre esse modelo de desenvolvimento, que fomenta a desigualdade e a competição, muitos governantes e representantes políticos seguem as diretrizes políticas que já se mostraram ineficientes, principalmente em países da América Latina e África (Barlow e Clarke, 2003).

É necessário que as populações e as organizações da sociedade civil se apropriem ao máximo das contradições do sistema social, bem como das estratégias do capital sobre a água, contidas no interior desses processos de privatização, para a partir daí socializar amplamente as experiências críticas, seja de resistência, seja no âmbito das ações para reestatização. O caminho de volta da privatização, para a reestatização, retoma a tese que define a água como um direito humano, fundamental em todo o mundo, de tamanha importância para a humanidade.

CONSIDERAÇÕES FINAIS

Em nossa pesquisa, constatamos que o Brasil é um país estratégico na geopolítica mundial, pois há um grande potencial de negócios para o capital privado no setor de água, o que complexifica os conflitos territoriais. A principal disputa é verificada no setor de saneamento, tendo em vista que o interesse maior é pela exploração privada dos serviços de saneamento nas capitais e médias cidades do país. Como vimos, a forma pela qual será explorado economicamente esse setor é baseada no modelo aplicado no setor elétrico, que tem como principal referência o modelo de tarifa. O capital tem na tarifa de preço teto diversos mecanismos para aumentar e garantir os lucros, como o direito a reajuste tarifário, a incorporação de uma agência reguladora com funções técnicas e "neutras" para regular o sistema, nas quais não há qualquer intervenção política sobre os serviços, entre outros. A decisão de adotar a metodologia preço teto é tida como uma definição técnica e científica, mas é exclusivamente política para determinar estrategicamente o preço da água como *commodity*. Ademais, a tendência no médio prazo é de que o setor de saneamento se transforme em negócio muito mais lucrativo do que o próprio setor elétrico.

Assim, a disputa econômica em torno da mercantilização da água envolve concorrência internacional de grandes grupos econômicos, bancos, fundos de investimento e empresas transnacionais, com o agravante de que o aparato de organização política e legal garante uma inter-relação obscena entre os agentes empresariais, estatais, políticos, nacionais e internacionais na viabilização desses negócios.

Desse modo, constata-se que os negócios econômicos vão muito além do saneamento. A estratégia do capital é a mercantilização, isto é, a precificação e comercialização de toda a água disponível no país. O discurso da escassez e de que o privado é o melhor são elementos ideológicos empregados frequentemente pelo capital para criar consensos na sociedade em torno da sua estratégia de mercantilização e de controle.

O caso de privatização do saneamento no estado do Piauí revela que a estratégia é começar por onde é possível alcançar um lucro maior, ou seja, pela capital, que concentra maior receita e o sistema está mais bem instalado, bem como pelas médias cidades que apresentam superávit de receita. As empresas privadas sempre terão como princípio a busca incansável pelo lucro, o que prejudica a agenda de universalização do saneamento. Uma periferia localizada em uma área distante ou pequenos municípios de pequeno porte ficam ainda mais distantes do acesso à água potável e ao esgotamento sanitário, já que apresentam uma receita deficitária. O que acontece nas experiências atuais é o Estado continuar a gerir o sistema nesses locais sem o subsídio cruzado, que fazia com que a arrecadação superavitária contribuísse no investimento em áreas deficitárias, onerando assim ainda mais o Estado/contribuinte. Ao privatizar o saneamento, quem paga a conta é a população por meio de aumentos na conta de água, resultantes dos reajustes anuais na tarifa e no aumento na paridade da tarifa de esgoto, que passa a estabelecer uma espécie de adiantamento da população excluída do acesso aos serviços de esgotamento sanitário.

São essas contradições, que estão circunscritas na estratégia e nos planos do capital, que podem mobilizar a classe trabalhadora em torno de uma luta comum contra o lucro acima do que é essencial para a vida. Para isso, é preciso entender a totalidade dessa estratégia sobre a base natural da água, trazendo-a para o centro da luta de classes, revelando como opera a mercantilização da água e as suas consequências para a vida da classe trabalhadora, que tem como papel radicalizar a luta por direitos sociais e por soberania nacional. Sem isso, dificilmente será possível construir lutas de acordo com a realidade, no médio e longo prazo. A população precisa se indignar, se organizar e não aceitar mais as tarifas elevadas, bem como imposições que implicam em maior dispêndio e diminuição do poder aquisitivo, mecanismos que sacramentam a situação de inclusão marginal e desigualdade social em nosso país. Entendemos que o correto, desde o ponto de vista da posição política e social, é a população se colocar contrariamente a isso e concretizar a luta contra a lógica da privatização, por meio de ferramentas de organização e participação popular em âmbito local, regional, nacional e internacional.

Do ponto de vista de domínio, na estrutura da sociedade, pode-se dizer que quatro grandes forças compõem esse ambiente. São elas as forças político-legais, econômicas, tecnológicas e as forças sociais (Wright, 2009). Historicamente, as forças sociais têm desempenhado um papel significativo na transformação da sociedade. Os movimentos sociais são exemplos concretos disso, como um dos sujeitos que formam as forças sociais. Dentre eles, o MAB defende uma política das águas que preze pela partilha da água e distribuição justa, além de organizar a classe trabalhadora na luta rumo ao caminho inverso ao da privatização e do lucro; uma política da preservação, que garanta direitos, participação e controle popular, uma política de resolução dos conflitos que envolvam a água no mundo e no país, o tratamento da água como recurso natural sem o qual não existe nem vida, nem indústria, tampouco a própria sociedade. A luta para que a água seja vista nos ordenamentos jurídicos como um direito humano fundamental. Essa afirmação tem de ser feita nas bases, nos movimentos sociais e movimentos sindicais, entre eles a FNU, CNE, FUP, APIB, CESE, bem como no conjunto de trabalhadores das empresas públicas de água e saneamento, entre outros, na luta pelos direitos humanos, a água consta como um desses direitos.

Nesse sentido, em consonância com os movimentos ativistas que lutam pela água no mundo, a compreensão é a de que se deve taxar as grandes empresas, que fazem um intenso uso da água e que muitas vezes não dão a destinação certa para o reuso, de forma a gerar externalidades em função do uso da água. Construir uma grande luta em defesa da água como um direito e um patrimônio da humanidade, pela participação e controle popular sobre as fontes de água, contra as privatizações e os altos preços das tarifas é urgente e necessário para que se impeça e/ou se reverta esse processo em curso.

Nesse sentido, este livro é um instrumento para a luta, para o entendimento da realidade e que necessita de constante monitoramento, observando cada movimento do capital acerca desse assunto, haja vista que se trata de uma estratégia global em andamento, que diz respeito a um dos temas mais sensíveis para o povo brasileiro e que atingirá sobremaneira toda a sociedade. Por meio da pesquisa em questão, foi possível desvendar o modelo privatizador que regula a estrutura de negócios do saneamento, bem como da mercantilização da água, e que faz desse setor um espaço com grande potencial para geração de lucros extraordinários para o capital financeiro, que é quem dirige essa estrutura e controla o processo industrial.

Espera-se que esta pesquisa sirva como ferramenta de estudo teórico e da práxis das organizações populares, contribuindo com a construção da luta em defesa da soberania dos povos e na defesa da água como elemento essencial à vida, bem como para o avanço do conhecimento científico e da luta anti-imperialista.

Parafraseando Huberman (2012), assim como as estrelas, a água é para todos e inspira povos tradicionais, indígenas, militantes, ativistas, defensores dos direitos humanos, religiosos, poetas, artistas, intelectuais etc. Por quanto tempo ainda será um direito universal, não sabemos; todavia, estamos certos de que isso dependerá da capacidade da humanidade de se organizar e defendê-la.

REFERÊNCIAS

ASSOCIAÇÃO E SINDICATO NACIONAL DAS CONCESSIONÁRIAS PRIVADAS DE SERVIÇOS PÚBLICOS DE ÁGUA E ESGOTO (ABCON SINDCON). *Panorama da Participação Privada no Saneamento*: tempo de avançar". 2020. Disponível em: https://www.abconsindcon.com.br/wp-content/uploads/2020/08/Panorama2020-baixa-FINAL.pdf. Acesso em: 3 out. 2020.

ACSELRAD, Henri. Internalização de custos ambientais: da eficácia instrumental à legitimidade política. *In*: Natal, Jorge. *Território e Planejamento*. Letra Capital, 2011.

AGÊNCIA NACIONAL DE ÁGUAS (ANA). "Conjuntura dos Recursos Hídricos no Brasil 2012". Brasília, 2012. Disponível em: https://arquivos.ana.gov.br/institucional/sge/cedoc/Catalogo/2012/Conjuntura_2012_Livro.pdf. Acesso em: 27 mar. 2022.

AGÊNCIA NACIONAL DE ÁGUAS (ANA). "Contas econômicas ambientais da água no Brasil 2013-2015". Agência Nacional de Águas, IBGE, Secretaria de Recursos Hídricos e Qualidade Ambiental. Brasília, 2018. Disponível em: https://www.gov.br/ana/pt-br. Acesso em: 10 out. 2020.

ÁGUAS DE TERESINA SANEAMENTO SPE S. A. "Demonstrações financeiras em 31 de dezembro de 2018 e 2017". Disponível em: https://www.aguasdeteresina.com.br/documentos. Acesso em: 15 out. 2020.

ÁGUAS DE TERESINA SANEAMENTO SPE S. A. "Demonstrações financeiras em 31 de dezembro de 2018". Disponível em: https://www.aguasdeteresina.com.br/documentos. Acesso em: 15 out. 2020.

ÁGUAS DE TERESINA SANEAMENTO SPE S.A. "Demonstrações financeiras em 31 de dezembro de 2019 e 2018". Disponível em: https://www.aguasdeteresina.com.br/documentos. Acesso em: 15 out. 2020.

ASSOCIAÇÃO NACIONAL DE SERVIÇOS MUNICIPAIS DE SANEAMENTO (AS-SEMAE). Tarifas de companhias privadas são as mais caras atesta Assemae. Assemae, 18/11/2019. Disponível em: http://www.assemae.org.br/noticias/item/5424-tarifas-de-companhias-privadas-sao-mais-caras-diz-estudo-da--assemae. Acesso em: 1 dez. 2019.

BANCO MUNDIAL. "Contribuições para a água e esgoto". Brasil, março de 2018. Disponível em: http://documents1.worldbank.org/curated/pt/750841521485336025/pdf/124417-portuguese-BRI-public-NT-Urbano--final-A4.pdf. Acesso em: 7 ago. 2020.

BARLOW, Maude e CLARKE, Tony. *Ouro azul*: A batalha contra o roubo corporativo da água do mundo. São Paulo: M. Books, 2003.

BANCO NACIONAL DE DESENVOLVIMENTO SOCIAL (BNDES). Atração de investidores aos projetos de saneamento. Junho de 2020. Disponível em https://www.youtube.com/watch?v=iW5s1ZMsNWc. Acesso em: 4 nov. 2020.

BORDIEU, Pierre. *A economia das trocas linguísticas*: o que falar quer dizer. 2ª edição. São Paulo: Editora da Universidade de São Paulo, 2008.

BRASIL. Decreto n. 24.643, de 10 de julho de 1934. Decreta o Código das Águas. Disponível em: https://www2.camara.leg.br/legin/fed/decret/1930-1939/decreto-24643-10-julho-1934-498122-publicacaooriginal-1-pe.html. Acesso em: 27 mar. 2022.

BRASIL. Supremo Tribunal Federal. Ação Direta de Inconstitucionalidade n. 6492/DF – Distrito Federal. Relator: Ministro Luiz Fux. Disponível em: https://www.in.gov.br/web/dou/-/decisoes-364686127. Acesso em: 27 mar. 2022.

BRASIL. Lei n. 9.433, de 8 de janeiro de 1997. Institui a Política Nacional de Recursos Hídricos [...]. Brasília, 1997. Disponível em: http://www.planalto.gov.br/ccivil_03/Leis/L9433.htm Acesso em 2 jan. 2020.

BRASIL. Lei n. 11.445, de 5 de janeiro de 2007. Estabelece as diretrizes nacionais para o saneamento básico; cria o Comitê Interministerial de Saneamento Básico [...]. Brasília, 2007. Disponível em: http://www.planalto.gov.br/ccivil_03/_Ato2007-2010/2007/Lei/L11445.htmart14. Acesso em: 22 set. 2022.

BRASIL. Lei n. 14.026, de 15 de julho de 2020. Atualiza o marco legal do saneamento básico e altera a Lei n. 9.984, de 17 de julho de 2000 [...]. Brasília, 2020. Disponível em: http://www.planalto.gov.br/ccivil_03/_ato2019-2022/2020/lei/L14026.htm. Acesso em: 22 set. 2022.

BRASIL. Lei n. 11.107, de 6 de abril de 2005. Dispõe sobre normas gerais de contratação de consórcios públicos e dá outras providências. Brasília, 2005. Disponível em: http://www.planalto.gov.br/ccivil_03/_Ato2004-2006/2005/Lei/L11107.htm. Acesso em: 22 set. 2022.

BRASIL. Lei n. 8.631, de 4 de março de 1993. Dispõe sobre a fixação dos níveis das tarifas para o serviço público de energia elétrica, extingue o regime de remuneração garantida e dá outras providências. Brasília, 1993. Disponível em: http://www.planalto.gov.br/ccivil_03/LEIS/L8631.htm. Acesso em: 22 set. 2022.

BRASIL. Lei n. 9.074, de 7 de julho de 1995. Brasília, 1995. Estabelece normas para outorga e prorrogações das concessões e permissões de serviços públicos e dá outras providências. Disponível em: https://www.planalto.gov.br/ccivil_03/Leis/L9074compilada.htm. Acesso em: 22 set. 2022.

BRASIL. Lei n. 8.987 de 13 de fevereiro de 1995. Dispõe sobre o regime de concessão e permissão da prestação de serviços públicos previsto no art. 175 da Constituição Federal, e dá outras providências. Brasília, 1995. Disponível em: https://www.planalto.gov.br/ccivil_03/LEIS/L8987cons.htm. Acesso em: 22 set. 2022.

BRITTO, Ana Lucia; REZENDE, Sonaly Cristina. A política pública para os serviços urbanos de abastecimento de água e esgotamento sanitário no Brasil: financeirização, mercantilização e perspectivas de resistência. *Card. Metrop.*, São Paulo, v. 19, n. 39, maio/ago. 2017. Acesso em: 22 set. 2022.

BTG PACTUAL. Brazilian Water & Sewage Sector – Is a revolution coming?, 2017. Disponível em: https://static.btgpactual.com/media/brut170308-water--privatization.pdf. Acesso em: 27 mar. 2022.

BULTO, Takele Soboka. "Muito familiar para ignorar, muito novo para reconhecer: a situação do direito humano à água em nível global 1 In: Castro, José Esteban; Heller, Léo; Morais, Maria da Piedade (ed.) IPEA. *O Direito à Água como Política Pública na América Latina*: uma exploração teórica e empírica. Brasília: Ipea, 2015.

CALISTO, Dalila. A privatização da água faz mal ao Brasil. Movimento dos Atingidos por Barragens (MAB), 2/9/2020. Disponível em: https://mab.org.br/2020/09/02/a-privatizacao-da-agua-faz-mal-ao-brasil-confira-o-artigo/. Acesso em: 20 out. 2020.

CALISTO, Dalila; ALVES, José Josivaldo. O avanço da estratégia de privatização da água no Brasil. Movimento dos Atingidos por Barragens (MAB), 26/6/2020. Disponível em: https://mab.org.br/2020/06/26/o-avanco-da-estrategia-de--privatizacao-da-agua-no-brasil/. Acesso em: 20 out. 2020.

CALISTO, Dalila; SOARES, Léia Lima. Consequências da privatização dos serviços de água e esgoto no Piauí. *In:* Simpósio Internacional Estado, Sociedade e Políticas Públicas. Junho de 2020.

CÂMARA DOS DEPUTADOS. Projeto de Lei n. 3.261/19, de 12 de junho de 2019. Atualiza o marco legal do saneamento básico e altera a Lei n. 11.445, de 5 de janeiro de 2007 [...]. Disponível em: https://www.camara.leg.br/proposicoesWeb/fichadetramitacao?idProposicao=2207613. Acesso em: 27 mar. 2022.

CASA CIVIL. Veto presidencial. Mensagem nº 396, de 15 de julho de 2020. Brasília, 2020.

CEPAL. *El desafío social en tiempos del COVID-19.* Informe especial n. 3 (Santiago de Chile: CEPAL), 2020b.

CERVINSKI, Gilberto Carlos. *Em alta tensão*: atores e conflitos no contexto da renovação das concessões do setor elétrico brasileiro através da MP 579/2012. Dissertação – Programa de Pós-graduação em Energia – Ufabc, Santo André, 2019.

CERVINSKI, Gilberto; CALISTO, Dalila. O contexto da ofensiva para privatização da água. MAB, 2017.

COSTA, Catarina. Tumulto marca abertura de propostas para subconcessão da Agespisa. Globo, *G1* Piauí, 7/7/2016. Disponível em: http://g1.globo.com/pi/piaui/noticia/2016/07/tumulto-marca-abertura-de-propostas-para-subconcessao-da-agespisa.html. Acesso em: 13 jun. 2020.

DARDOT, Pierre; LAVAL, Cristhian. *A nova razão do mundo*: ensaio sobre a sociedade neoliberal. 1. ed. São Paulo: Boitempo, 2016.

DECLARAÇÃO DE DUBLIN SOBRE ÁGUA E DESENVOLVIMENTO SUSTENTÁVEL. Dublin, Irlanda, 31/1/1992. Disponível em: http://www.abcmac.org.br/files/downloads/declaracao_de_dublin_sobre_agua_e_desenvolvimento_sustentavel.pdf. Acesso em: 2 jan. 2020.

DECLARAÇÃO FINAL DO FÓRUM ALTERNATIVO MUNDIAL DA ÁGUA (FAMA). Brasília, 2018. Disponível em: https://ondasbrasil.org/declaracao-final-do-forum-alternativo-mundial-da-agua-fama-2018/. Acesso em: 27 mar. 2022.

DEPARTAMENTO INTERSINDICAL DE ESTATÍSTICAS E ESTUDOS SOCIOECONÔMICOS (DIEESE). Nota técnica, n. 183 – Privatização do setor de saneamento no Brasil. Junho de 2017. Disponível em: https://www.dieese.org.br/notatecnica/2017/notaTec183saneamento.pdf . Acesso em: 22 set. 2022.

DEPARTAMENTO INTERSINDICAL DE ESTATÍSTICAS E ESTUDOS SOCIOECONÔMICOS. (DIEESE). Visão geral dos serviços de água e esgotamento sanitário no Brasil .*Estudos e pesquisas*, n. 82, set. 2016. Disponível em: https://www.dieese.org.br/estudosepesquisas/2016/estPesq82Saneamento.pdf. Acesso em: 22 set. 2022.

DOSSIÊ SOBRE A MP N. 844/2018. Os impactos da alteração da Lei n. 11.445/2007 que regula a água e o saneamento no país. Água e saneamento: direito humano, social e essencial à vida. Urbanitários de Alagoas, FNU, CNU, FRUNE, CUT.

FELIZARDO, Nayara. Águas do Brasil diz que, se preciso, recorrerá ao STF. *Jornal o dia Política*, Teresina-PI, em 30/11/2016.

FERNANDES, Bernardo Mançano. Sobre a tipologia dos territórios. *In*: SAQUET, Marcos Aurelio; SPOSITO, Eliseu Savério (orgs.). *Territórios e territorialidades*: teorias, processos e conflitos. São Paulo: Expressão Popular, 2009.

FERNANDES, Florestan. *O que é revolução*. 1. ed. São Paulo: Expressão Popular, 2018.

FERREIRA, Miriam Rodrigues. *O projeto de proteção ambiental e desenvolvimento sustentável do sistema Aquífero Guarani e o uso do aquífero, segundo o interesse mundial pela água doce.* Dissertação – Universidade Federal de Mato Grosso do Sul, Programa de Pós-graduação do Mestrado em Geografia, 2008.

FLORENCE, Afonso. PL 3261/19, o desmonte do marco legal do saneamento. Observatório Nacional de Direitos à Água e ao Saneamento (Ondas), 29 de novembro de 2019. Disponível em: https://ondasbrasil.org/pl-3261-19-o-desmonte-do--marco-legal-do-saneamento/. Acesso em: 27 mar. 2022.

FLORES, Rafael Kruter. O discurso como estratégia de luta contra a mercantilização da água. *Sociedade, Contabilidade e Gestão,* Rio de Janeiro, v. 4, n. 1, jan./jun. 2009. Disponível em: http://www.atena.org.br/revista/ojs-2.2.3-06/index.php/ufrj/article/view/470/459. Acesso em: 27 mar. 2022.

FUNDAÇÃO INSTITUTO DE PESQUISAS ECONÔMICAS (FIPE). Proposta para a reestruturação dos serviços de abastecimento de água e esgotamento sanitário de Teresina. Março de 2017.

GONÇALVES, Gabriel Alexandre. *A territorialização do uso e controle da água a partir da abertura à participação do capital privado na Sabesp.* Dissertação – Universidade Estadual Paulista (Unesp), Programa de Pós-graduação em Desenvolvimento Territorial na América Latina e Caribe (TerritoriAL), do Instituto de Políticas Públicas e Relações Internacionais (IPPRI). São Paulo, 2017.

GONÇALVES, Carlos Walter Porto. *O desafio ambiental.* Organizador Emir Sader - 3º ed. Rio de Janeiro: Record, 2012

GONÇALVES JUNIOR, Dorival. Reformas na indústria elétrica brasileira: a disputa pelas 'fontes' e o controle dos excedentes, 2007. 416f. Tese de Doutorado - Universidade de São Paulo - Programa Interunidades de Pós-Graduação em Energia - PIPGE -EP/FEA/IEE/IF. São Paulo, 2007

GOVERNO DO ESTADO DO PIAUÍ. Contrato de Subconcessão dos Serviços de Saneamento do munícipio de Teresina-PI, 22/3/2017. Disponível em: http://www.ppp.pi.gov.br/ppp/wp-content/uploads/2017/05/Saneamento-THE--Contrato-Assinado.pdf. Acesso em: 22 set. 2022.

GRAMSCI, Antonio. *Maquiavel, a política e o Estado moderno.* 7. ed. Rio de Janeiro: Civilização Brasileira, 1989.

GOMBATA, Marsílea. *Valor econômico.* "Economia global deve cair 3% em 2020, na pior crise desde a Grande Depressão.

HARVEY, David. *A produção capitalista do espaço.* São Paulo: Annablume, 2005.

HARVEY, David. *17 Contradições e o fim do Capitalismo.* 1. ed. São Paulo: Boitempo, 2016.

HARVEY, David. *Espaços de esperança.* 6. ed. São Paulo: Edições Loyola Jesuítas, 2013.

HELLER, Léo (org.). *Saneamento como política pública*: um olhar a partir dos desafios do SUS. Rio de Janeiro: Centro de Estudos Estratégicos da Fiocruz/Fiocruz, 2018.

HUBERMAN, Leo. *História da riqueza do homem.* Rio de Janeiro: Zahar, 1981.

INSTITUTO ESCOLHAS. Relatório Setor Elétrico: Como precificar a água em um cenário de escassez". São Paulo, 2019. Disponível em: https://www. escolhas.org/wp-content/uploads/2019/11/Setor_El%C3%A9trico_Como_ Precificar_a_%C3%81gua_em_um_Cen%C3%A1rio_de_Escassez- -SUM%C3%81RIO-EXECUTIVO.pdf. Acesso em: 2 out. 2020.

INSTITUTO ESCOLHAS. "Sobre o Instituto Escolhas: escolhas decisivas". 2015. Disponível em: https://www.escolhas.org/quem-somos/. Acesso em: 20 set. 2022

INSTITUTO TRANSNACIONAL. Relatório Veio para ficar: a remunicipalização da água como uma tendência global, 2015. Disponível em: https://www.tni.org/ files/download/heretostay-pt.pdf

INSTITUTO TRATA BRASIL. Relatório "3 anos de acompanhamento do PAC Saneamento", abril de 2012.

INSTITUTO MAIS DEMOCRACIA. Pesquisa "Quem são os proprietários do Saneamento no Brasil?" Rio de Janeiro, 2018. Apoio: Fundação Heinrich Boll Brasil. Disponível em proprietarios_do_saneamento-pesquisa-institutomaisdemocracia-fundacao_boll_brasil.pdf (boell.org)

JORNAL *O DIA*. Teresina, 30 nov. 2016.

LEI FEDERAL nº 14.026 de 15 de julho de 2020. Brasília, 2020. Disponível em http:// www.planalto.gov.br/ccivil_03/_ato2019-2022/2020/lei/L14026.htm

NORONHA, Silvia; PINTO, João Roberto Lopes. Brasil é vice-líder mundial em reestatização da água. *Le Monde Diplomatique*, 9/4/2018. Disponível em: https://diplomatique.org.br/brasil-e-vice-lider-mundial-em-reestatizacao- -da-agua/ Acesso em: 4 jan. 2020.

MANTOAN V e MÁXIMO, L. Venda de 13 empresas de saneamento pode render até R$ 35,6 bi. *Valor Econômico*, São Paulo, 10 mar. 2017.

MARX, Karl. *O capital*: crítica da economia política. 2. ed. São Paulo: Nova Cultural, 1985-1986.

MARX, Karl. *Manifesto do Partido Comunista*. 1. Ed. São Paulo: Expressão Popular, 2008.

MÉSZÁROS, István. *A crise estrutural do capital*. 2 ed. rev. e ampl. São Paulo: Boitempo, 2011.

O MELANCÓLICO FIM DA AGESPISA ESTÁ PRÓXIMO. *Blog Capital Teresina*. Disponível em http://www.capitalteresina.com.br/noticias/politica/o- -melancolico-fim-da-agespisa-esta-proximo-38027.html. Acesso em: 18 de fev de 2018

MOVIMENTO DOS ATINGIDOS POR BARRAGENS (MAB). "Parem com a apropriação da água! Declaração da Via Campesina no Fórum Alternativo Mundial da Água". 2012. Disponível em: https://www.biodiversidadla.org/ Documentos/Parem_com_a_apropriacao_da_agua. Acesso em 27 mar. 2022.

MÉSZÁROS, István. *A montanha que devemos conquistar (recurso eletrônico): reflexões acerca do Estado*. 1ª edição – São Paulo: Boitempo, 2015.

MINISTÉRIO DAS CIDADES, Plano Nacional de Saneamento Básico - PLANSAB - Brasília, 2013.

MOVIMENTO DOS ATINGIDOS POR BARRAGENS (MAB). "Mulheres atingidas por barragens em luta por direitos e pela construção do projeto energético popular". Out. 2015. São Paulo.

NAÇÕES UNIDAS BRASIL. Água potável: direito humano fundamental, 28 de julho de 2010.

NETO, Otávio. Águas de Teresina é multada por cobrança irregular em faturas. Portal *O Dia*, 8/1/2020. Disponível em: https://www.portalodia.com/noticias/teresina/aguas-de-teresina-e-multada-por-cobranca-irregular-em-faturas-373180.html. Acesso em: 17 jun. 2020.

ORGANIZAÇÃO PARA COOPERAÇÃO E DESENVOLVIMENTO ECONÔMICO (OCDE). Building confidence crucial amid an uncertain economic recovery. Setembro de 2020. Disponível em: www.oecd.org/economy/building-confidence-crucial-amid-an Acesso em: 27 mar. 2022

ORGANIZAÇÃO PARA A COOPERAÇÃO E DESENVOLVIMENTO ECONÔMICO – OCDE. Cobranças pelo uso de recursos hídricos no Brasil: Caminhos a seguir, Florianópolis, 2017.

PETRELLA, Ricardo. A nova conquista da água. Entrevista ao jornal francês Le Monde Diplomatique. *Le Monde Diplomatique Brasil*, 1/1/2000. Disponível em: https://diplomatique.org.br/a-nova-conquista-da-agua/. Acesso em: 2 jan. 2020.

PETRELLA, R. *O manifesto da água*. Petrópolis: Vozes, 2002.

PIAUÍ. Lei Ordinária n. 5.641, de 12 de abril de 2007. Cria o Instituto de Águas e Esgotos do Piauí – Agespisa, e dá outras providências. Disponível em: http://legislacao.pi.gov.br/legislacao/default/ato/12912. Acesso em: 27 mar. 2022.

PIAUÍ. Lei Estadual n. 2.281, de 27 de julho de 1962.

PIAUÍ. Lei Estadual n. 2.387, de 12 de dezembro de 1962.

PROJETO DE LEI DO SENADO nº 495, de 8 de dezembro de 2017. Brasília, 2017. Disponível em <PLS 495/2017 - Senado Federal>

ROSAS, R. Concessão de saneamento em Maceió atrai sete consórcios interessados. *Valor econômico*. Rio de janeiro, 25 de setembro de 2020.

SANTOS, Milton. *A natureza do espaço*: técnica e tempo, razão e emoção. 4. ed. São Paulo: Editora da Universidade de São Paulo, 2017.

SANTOS, Milton. *Pensando o espaço do homem*. 5. ed. São Paulo: Editora da Universidade de São Paulo, 2009.

SANTOS, Milton. *Por uma outra globalização*: do pensamento único à consciência universal. 6ª edição. Rio de Janeiro: Record, 2001.

SILVA, Flavio José Rocha. Água, Poder e Política. *Ecodebate*, 3/11/2017. Disponível em: https://www.ecodebate.com.br/2017/11/03/agua-poder-e-politica-artigo-de-flavio-jose-rocha-da-silva/. Acesso em: 27 mar. 2022.

SISTEMA NACIONAL DE INFORMAÇÕES SOBRE SANEAMENTO (SNIS). Painel do Setor Saneamento – 2018. Brasília, 2019. Disponível em: http://snis.gov.br/painel-informacoes-saneamento-brasil/web/. Acesso em: 18 out. 2020.

TERESINA. Lei n. 4.310, de 11 de julho de 2012. Dispõe sobre os serviços públicos de abastecimento de água e esgotamento sanitário, estabelece regras acerca da política tarifária e dá outras providências. Teresina, 2012. Disponível em: http://antigopgm.teresina.pi.gov.br/admin/upload/documentos/3f5c059cbe.pdf. Acesso em: 22 set. 2022.

TEIXEIRA, Francy. Governo garante controle da tarifa de água. De Política. *Jornal Meio Norte, Teresina*, 2017.

THOMAZ JÚNIOR, A. O agrohidronegócio no centro das disputas territoriais e de classe no Brasil do Século XXI. *Campo Território*, Uberlândia, v. 5, n. 10, p. 21-38, 2010.

THOMAZ JÚNIOR, A. Exploração e acesso à terra e à água, e relações de trabalho no contexto da luta de classes no Brasil. *In*: THOMAZ, R. C. C.; MARIANI, M. A. P.; MORETTI, E. C. (orgs.). *O turismo rural e as territorialidades na perspectiva do campo e da cidade*. Campo Grande: Ed. UFMS, 2012, p. 33-57.

THOMAZ JÚNIOR, A. Geografia do trabalho por inteiro. *Pegada*, Presidente Prudente, v. 19, n. 2, 2018a, p. 6-56. Disponível em: http://revista.fct.unesp.br/index.php/pegada/article/view/6000. Acesso em: 22 set. 2022.

THOMAZ JÚNIOR, A. Novos territórios da degradação sistêmica do trabalho (em tempos de desproteção total e inclusão marginal institucionalizada). *Terra Livre*, São Paulo, ano 34, v. 1, n. 52, p. 234-277, 2019.

THOMAZ JÚNIOR, A. O pior está *porvírus*: em defesa da classe trabalhadora para além da pandemia covid-19. *Blog do OTIM*. Disponível em: http://otim.fct.unesp.br/o-pior-esta-porvirus-em-defesa-da-classe-trabalhadora-para-alem--da-pandemia-da-covid-19/. Acesso em: 8 jun. 2020.

WRIGHT, Peter. *Administração estratégica*. 1. ed. São Paulo: Atlas, 2009.

YEUNG, Henry Wai-chung. Rethinking relational econômica geography. *In: Royal Geographical Society*, v. 30, n. 1, 2005.